近畿圏版③　最新入試に対応！　家庭学習に最適の問題集!!

JN046671

関西学院初等部
雲雀丘学園小学校

2025年度版 過去問題集

2023～2024 年度 実施試験 計2年分収録

問題集の効果的な使い方

①学習を始める前に、まずは保護者の方が「入試問題」の傾向や、どの程度難しいか把握をします。すべての「アドバイス」にも目を通してください。
②各分野の学習を先に行い、基礎学力を養いましょう！
③力が付いてきたと思ったら「過去問題」にチャレンジ ！
④お子さまの得意・苦手がわかったら、その分野の学習を進め、全体的なレベルアップを図りましょう ！

厳選!

合格必携 問題集セット

関西学院初等部

常　識	Jr.ウォッチャー ㉗「理科」、55「理科②」
言　語	Jr.ウォッチャー ㊾「しりとり」
図　形	Jr.ウォッチャー 54「図形の構成」
常　識	Jr.ウォッチャー 56「マナーとルール」
口頭試問	新 口頭試問・個別テスト問題集

雲雀丘学園小学校

記　憶	お話の記憶 中級編・上級編
推　理	Jr.ウォッチャー ❻「系列」
常　識	Jr.ウォッチャー ㉗「理科」、55「理科②」
数　量	Jr.ウォッチャー ㊱「同数発見」
口頭試問	新 口頭試問・個別テスト問題集

●資料提供●

ヘッズアップセミナー

日本学習図書 ニチガク

ISBN978-4-7761-5587-4
C6037　￥2400E
9784776155874

定価 2,640円
(本体2,400円＋税10%)
1926037024002

ニチガク式学習支援!!　　日本学習図書（ニチガク）

こんなこと…ありませんか？

「ニチガクの問題集…買ったはいいけど、、、
この問題の教え方がわからない（汗）」

メールでお悩み解決します！

- ホームページ内の専用フォームで必要事項を入力！
- 教え方に困っているニチガクの問題を教えてください！
- 確認終了後、具体的な指導方法をメールでご返信！
- 全国どこでも！ スマホでも！ ぜひご活用ください！

<質問回答例>

アドバイス

推理分野の学習では、後の学習に活きる思考力を養うことができます。ご家庭で指導する場合にも、テクニックにたよらず、保護者の方が先に基本的な考え方を理解した上で、お子さまによく考えさせることを大切にして指導してください。

Q.「お子さまによく考えさせることを大切にして指導してください」と学習のポイントにありますが、考える習慣をつけさせるためには、具体的にどのようにしたらいいですか？

A. お子さまが考える時間を持てるように、質問の仕方と、タイミングに工夫をしてみてください。
たとえば、「答えはあっているけど、どうやってその答えを見つけたの」「答えは○○なんだけど、どうしてだと思う？」という感じです。
はじめのうちは、「必ず 30 秒考えてから手を動かす」などのルールを決める方法もおすすめです。

まずは、ホームページへアクセスしてください!!

https://www.nichigaku.jp　日本学習図書　検索

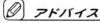

目指せ！合格！

家庭学習ガイド
関西学院初等部

ペーパー　口頭試問　行動観察　運　動　親子面接

入試情報

募集人数：男女 90 名
応募者数：男子 79 名、女子 89 名
出題形態：ペーパー、ノンペーパー
面　　接：保護者・志願者
出題領域：ペーパー・口頭試問（常識、推理、言語、図形、お話の記憶）、行動観察、運動

入試対策

2024 年度入試では、前年度に引き続き行動観察と運動のテストが実施されました。当校は、入試の時期によって、試験内容が異なります。A 入試では、個別適性検査（ペーパーテスト）、行動観察、運動、親子面接を実施し、B 入試では、志願者口頭試問、行動観察、親子面接を実施しました。ペーパーテストや口頭試問の内容ですが、例年出題されているものと大きな違いはありませんでした。

● 2023 年度入試から、「行動観察」「運動」が復活し、2024 年度入試でも実施されました。集団での試験や、ボールの扱い方などに慣れておきましょう。

●当校の入試は、常識分野の問題が幅広く出題される傾向にあります。ペーパー学習と同じくらい、日頃の生活体験が重要になってきます。

●親子面接では、受け答えの上手さより家族の雰囲気を観ているようです。どの家族に対しても、日常生活での親子の会話の内容について観る質問があるので、普段の親子間のコミュニケーションが大切になってくると思います。

「関西学院初等部」について

＜合格のためのアドバイス＞

2024年度A入試は「親子面接（10分）、個別適性検査（30分）、集団行動観察（20分）、運動（5分）」、B入試は「親子面接（10分）、子どものみの口頭試問（10分）、集団行動観察（20分）」で実施されました。

2023年度から行動観察と運動の試験が3年ぶりに実施されました。2024度の行動観察では、5人1グループで、段ボールを使った制作の課題が実施されました。以前はボーリングゲームなども実施されています。今後は、以前のように行動観察と運動が毎年行われることになりそうですので、しっかり対策をとるようにしてください。

個別適性検査（ペーパーテスト）や口頭試問の内容は、大きな変化はありません。当校の入試の特徴は、常識分野の問題が幅広く出題されることが挙げられます。特に、理科や社会、言語などの対策は必須です。

マナーやルールについては、面接時に質問されます。ペーパーテストとは違い、その場で即答しなければなりません。そのためには、普段からの取り組みが大切になります。ここ数年、コロナ禍の生活を余儀なくされたお子さまは、外出や人と交流する機会が減っており、この影響は入試結果にも表れています。特に、常識問題は入試において差がつきやすい分野の1つであり、出題頻度が上がっている分野でもあります。再度、お子さまとマナーやルールについての確認することをおすすめいたします。

親子面接は、願書に書いてある項目からの質問を中心に、家庭での教育方針や、お子さまの性格やエピソードなど多岐にわたり質問をされます。学校の教育方針をしっかりと理解すること、家庭で大切にしている教育方針を整理することが面接の対策になります。

〈2024年度選考〉

◆ペーパーテスト
◆口頭試問
◆行動観察
◆運動
◆保護者・志願者面接

◇過去の応募状況

2024年度	男子 79名	女子 89名
2023年度	男子 54名	女子 84名
2022年度	男子 79名	女子 75名

〈本書掲載分以外の過去問題〉

◆常識：土の中にできる野菜を選ぶ。［2021年度］
◆図形：パズル［2021年度］
◆言語：しりとり［2021年度］
◆記憶：「カーくんと森のなかまたち」（著　吉沢誠）より出題。［2020年度］
◆常識：生き物の産卵場所を線でつなぐ。［2020年度］
◆常識：春が旬の野菜を選ぶ。［2020年度］

目指せ！合格！

家庭学習ガイド
雲雀丘学園小学校

口頭試問　絵画　行動観察　運動　親子面接

入試情報

募集人数：男女計 135 名（内部進学者を含む）
応募者数：男女計 189 名
出題形態：ノンペーパー
面　　接：保護者（原則両親）・志願者
出題領域：口頭試問（お話の記憶、数量、推理、図形、言語、常識）、行動観察、絵画、運動

入試対策

2023 年度入試から、専願者・併願者ともにペーパーテストがなくなり、個別適性検査はすべて口頭試問で実施されています。瞑想や、箸使い、縄跳び、絵画制作など、毎年実施されている試験がいくつかありますので、これらはしっかりと対策をしましょう。面接は、両親で参加必須です。面接前に、両親はアンケートの記入があります。また、面接中には親子３人で簡単なゲームをします。

●理科常識の問題は、季節、動物、植物など、幅広い上に高い知識を求められる出題があります。しっかりと学習しておいてください。

●個別テストでは、実物を見せておいて、「これは何？」と聞かれることもあるので、実際にさまざまなものを見たり経験したりして知識を身に付けてください。

●今年も模写と絵画が出題されました。丁寧に描くことはもちろんですが、何を描くのかも大切なポイントになります。

「雲雀丘学園小学校」について

〈合格のためのアドバイス〉

当校は、個性と創造力を伸ばし、基礎学力をしっかり身に付ける初等教育を実施しています。「花育」をキーワードに、花や緑に触れることによって、自然に親しみ、自然を慈しみ、自然を守ろうとする心を養い、「自然を大切にする心＝地球環境の保護」の意義を学んでいます。

2024年度入試では、B日程は行わず、A日程受験者の中から繰り上がり合格を出すように変更されています。専願、併願を比較した場合、専願有利なのは明かなようです。

口頭試問は問題数も多く、さまざまな分野の出題があります。口頭試問は、解答内容だけではなく、回答するときの態度や姿勢、言葉遣いなども評価されています。保護者の方は日頃の学習の中で、正解不正解に固執するのではなく、どのように考えたのかという過程も大切にしてください。お子さまの解答が間違っていたら、どうしてそう思ったのかを聞くことにより、解決策が見つかり、さらに深い理解を得られる学習が可能になります。お子さま自身に、「どう考えたのか」を常に意識させるように心がけてください。

親子面接は、昨年度と同じ形式で実施されました。事前のアンケート記入と、面接中のゲームは必須だと考えてよいでしょう。面接やアンケートでは、お子さまと接しているときのご家庭の雰囲気や、しつけについての考え方、お子さまのことをしっかり考えているかなどをチェックされます。ご夫婦の回答が一致しているかではなく、ご家庭にしっかりと向き合い、学校の考え方を理解している姿勢が求められます。

〈2024年度選考〉

◆口頭試問
◆制作
◆行動観察
◆運動
◆保護者・志願者面接

◇過去の応募状況

2024年度	男女189名
2023年度	男女162名
2022年度	男女180名

〈本書掲載分以外の過去問題〉

◆推理：規則に従って並んだ図形の列の空欄を埋める。[2021年度]
◆常識：花を季節順に並べる。[2021年度]
◆音楽：お手本通りにタンバリンを叩く。[2021年度]
◆言語：物の数え方を答える。[2021年度]

関西学院初等部
雲雀丘学園小学校
過去問題集

〈はじめに〉

現在、少子化が叫ばれているにもかかわらず、私立・国立小学校の入学試験には一定の応募者があります。入試は、ただやみくもに学習するだけでは成果を得ることはできません。志望校の過去における出題傾向を研究・把握した上で、練習を進めていくこと、試験までに志願者の不得意分野を克服していくことが必須条件です。そこで、本問題集は小学校を受験される方々に、志望校の出題傾向をより詳しく知って頂くために、出題頻度の高い問題を結集いたしました。最新のデータを含む精選された過去問題集で実力をお付けください。

また、志望校の選択には弊社発行の**「2025年度版　近畿圏・愛知県　国立・私立小学校　進学のてびき」**をぜひ参考になさってください。

〈本書ご使用方法〉

◆出題者は出題前に一度問題を通読し、出題内容などを把握した上で、〈 準　備 〉の欄に表記してあるものを用意してから始めてください。

◆お子さまに絵の頁を渡し、出題者が問題文を読む形式で出題してください。問題を読んだ後で、絵の頁を渡す問題もありますのでご注意ください。

◆**「分野」**は、問題の分野を表しています。弊社の問題集の分野に対応していますので、復習の際の目安にお役立てください。

◆一部の描画や工作、常識等の問題については、解答が省略されているものがあります。お子さまの答えが成り立つか、出題者が各自でご判断ください。

◆〈 時　間 〉につきましては、目安とお考えください。

◆本文右端の **[〇年度]** は、問題の出題年度です。 **[2024年度]** は、「2023年の秋に行われた2024年度入学志望者向けの考査で出題された問題」という意味です。

◆**学習のポイント**は、指導の際にご参考にしてください。

◆**【おすすめ問題集】**は各問題の基礎力養成や実力アップにご使用ください。

〈本書ご使用にあたっての注意点〉

◆文中に **この問題の絵は縦に使用してください。** と記載してある問題の絵は縦にしてお使いください。

◆〈 準　備 〉の欄で、クレヨン・クーピーペンと表記してある場合は12色程度のものを、画用紙と表記してある場合は白い画用紙をご用意ください。

◆文中に **この問題の絵はありません。** と記載してある問題には絵の頁がありませんので、ご注意ください。なお、問題の絵の右上にある番号が連番でなくても、中央下の頁番号が連番の場合は落丁ではありません。

下記一覧表の●が付いている問題は絵がありません。

問題1	問題2	問題3	問題4	問題5	問題6	問題7	問題8	問題9	問題10
問題11	問題12	問題13	問題14	問題15	問題16	問題17	問題18	問題19	問題20
			●						
問題21	問題22	問題23	問題24	問題25	問題26	問題27	問題28	問題29	問題30
							●	●	
問題31	問題32	問題33	問題34	問題35	問題36	問題37	問題38	問題39	問題40
●		●							●
問題41	問題42	問題43	問題44	問題45	問題46	問題47	問題48	問題49	問題50
●	●		●		●				

㊢ 先輩ママたちの声！

◆実際に受験をされた方からのアドバイスです。
ぜひ参考にしてください。

関西学院初等部

・親子面接では、家族の自然体なの雰囲気が出せるように、スポーツやボランティアなど、日頃から家族全員で取り組めるものがあればよいと思いました。

・ペーパーテストでは、常識分野の出題が多い印象でした。普段の生活体験が影響してくると思うので、親子で出かけたり、読書をする時間をたくさんとっておくことも対策になると思います。

・きちんと勉強させたつもりでしたが、それでも子どもは「難しかった」と言っていました。試験対策はしっかりとっておいた方がよさそうです。

・お話の記憶の問題は、毎年、既存の書籍から長文で引用されています。集中力や記憶力が必要なので、普段から読み聞かせをしておくとよいと思います。

雲雀丘学園小学校

・ペーパーテストがなく、試験は口頭試問のみでした。初対面の相手とも、自然に話せるよう、練習しておく必要があると感じました。

・口頭試問がほとんどということは、態度やマナーも見られています。自発的な挨拶や、丁寧な言葉遣いはきちんと指導しておく必要があると思います。

・瞑想や縄跳びなど、毎年出題されている試験は、必ずできるようにしておく方がよいと感じました。

・親子面接やアンケートでは、家庭内の教育に関する考え方が問われました。答える内容は、親同士で事前に確認しておく必要があります。

〈関西学院初等部〉

※問題を始める前に、本書冒頭の「本書ご使用方法」「本書ご使用にあたっての注意点」をご覧ください。
※本校の考査は鉛筆を使用します。間違えた場合は×で訂正し、正しい答えを書くよう指導してください。

**保護者の方は、別紙の「家庭学習ガイド」「合格ためのアドバイス」を先にお読みください。
当校の対策および学習を進めていく上で役立つ内容です。ぜひご覧ください。**

2024年度の最新問題

問題１　分野：聞き取り

〈準　備〉　鉛筆

〈問　題〉　箱の中にリボンをつけたクマとサッカーボールが入っていて、箱には線が描かれています。
（問題１の絵を渡す）
その絵に○をつけましょう。

〈時　間〉　10秒

〈解　答〉　左端

アドバイス

同じような絵が並んでいるものから、聞き取った内容と合致するものを選ぶ同図形探しの問題です。そのなかでも本問はリボンをつけたクマ、サッカーボール、箱の線と、キーワードが以上の３つと、かなりやさしい内容といえるでしょう。こういった同図形探しでは違いを見つけ出す観察力が大切になります。観察力は、注意して見ましょうと言うだけでは身につきません。観察力を養うには、絵画を描くことが有効です。まずはお子さまが興味のあるものから描かせてみましょう。好きなものの絵を描くことで、よく観察し、特徴を捉えることに結びつきます。そうすることにより集中力、観察力がつき、物を見た時に違いに気づくようになるでしょう。

【おすすめ問題集】
Ｊｒ・ウォッチャー15「比較」、58「比較②」

弊社の問題集は、同封の注文書の他に、
ホームページからでもお買い求めいただくことができます。
右のQRコードからご覧ください。
（関西学院初等部おすすめ問題集のページです。）

問題2　分野：言語

〈準備〉　鉛筆

〈問題〉　「ゴロゴロ」という言葉に合う絵に○をつけましょう。

〈時間〉　10秒

〈解答〉　左から２番目、右端

アドバイス

動作や擬音の名前は、その動作を見たり行いながら教えると覚えやすくなります。小学校受験で出題される動詞や擬音語は、いずれも生活の中で実際に行ったり、聞いたりすることのある馴染み深いものです。ご家庭でのお手伝いの際、「ハンガーに服をかけてちょうだい」「ドアをトントンノックしてごらん」という風に、動作を言葉にすると覚えやすくなるでしょう。また、一緒に同音異義語について学習するのも良いでしょう。同じ「かける」でも「ハンガーに服をかける」「アイロンをかける」「水をかける」と、違う動作を示す場合もあります。状況によって何を意味するか、お子さまに考えさせるのも、名前を覚えるひとつのきっかけになります。

【おすすめ問題集】
Ｊｒ・ウォッチャー17「言葉音遊び」、18「色々な言葉」、60「言葉の音」

問題3　分野：言語（しりとり）

〈準備〉　鉛筆

〈問題〉　スズメから始まってスズメに帰ってくるしりとりを完成させます。縦・横・斜めに線を描いてつなげましょう。

〈時間〉　１分

〈解答〉　下図参照

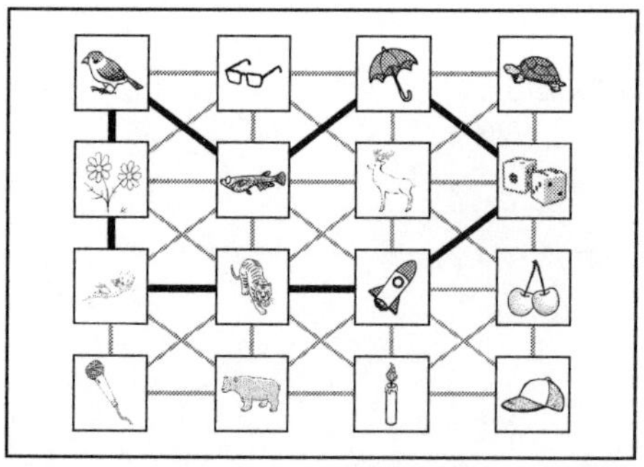

アドバイス

お子さまがどれだけの言葉を知っているかが問われる問題です。しりとりに使える絵と使えない絵を区別する必要がありますから、すべてのものの名前を知っていなければ、自信をもって解答することはできません。ものの名前を多く覚えることは、こうした言語の問題に限らず、さまざまな分野の問題で必要となります。何より、お子さまの将来の成長と学力に関わりますから、できるだけ多くの名前を知ってもらいたいところです。お子さまは知らないものを見つけたら、保護者に何なのか聞いてくると思います。そうした時はチャンスです。好奇心を持っているうちに、そのものの名前と特徴を教えてあげてください。なお、名前を教える時は、幼児言葉や表現、ご家庭の中でしか通じない呼び名ではなく、正しい名称を教えてください。

【おすすめ問題集】

Ｊｒ・ウォッチャー17「言葉遊び」、18「色々な言葉」、49「しりとり」

問題4　分野：常識（季節）

〈準備〉　鉛筆

〈問題〉　この問題の絵は縦に使用して下さい。
上の段の季節と同じ季節の絵を選んで、線でつなぎましょう。

〈時間〉　1分

〈解答〉　下図参照

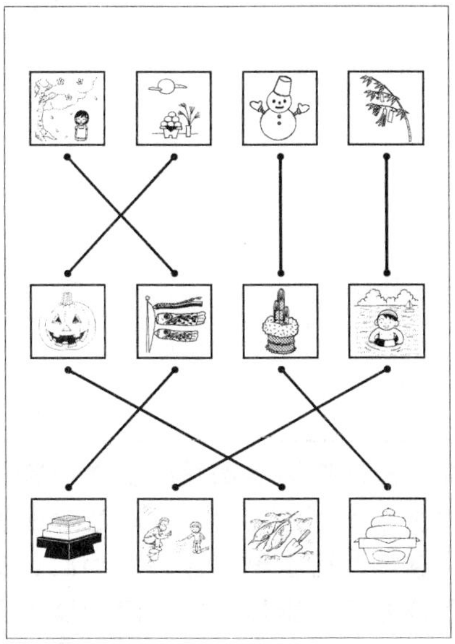

家庭学習のコツ①　「先輩ママたちの声」を読みましょう！

本書冒頭の「先輩ママたちの声」には、実際に試験を経験された方の貴重なお話が掲載されています。対策学習への取り組み方だけでなく、試験場の雰囲気や会場での過ごし方、お子さまの健康管理、家庭学習の方法など、さまざまなことがらについてのアドバイスもあります。先輩ママの体験談、アドバイスに学び、ステップアップを図りましょう！

アドバイス

当校の定番ともいえる季節に関する常識問題です。とりわけ本問は、オーソドックスな四季の行事や風物詩が問われていますので、きちんと対策しておきたい内容です。こうした知識を覚えるためには、身近なものに対する観察力と好奇心、そして正しい知識を手に入れられる環境をつくることが何より大事です。どこかへ出かける時は、お子さまとできるだけ歩いて、さまざまなものを一緒に見るように心がけましょう。虫、花、職業に関係するもの、歩いていて目についたさまざまなものを観察して、お子さま自身が興味を持つように問いかけたり、帰ってから図鑑などで見返したりすることで、知識はどんどん増えていくでしょう。

【おすすめ問題集】
Ｊｒ・ウォッチャー11「色々な仲間」、12「日常生活」、34「季節」

問題5　分野：常識（日常生活）

〈準 備〉　鉛筆

〈問 題〉　ゴミを少なくするにはどうすればよいでしょうか。関係のある絵に○をつけましょう。

〈時 間〉　30秒

〈解 答〉　下図参照

アドバイス

ゴミに関わる常識問題です。こういった内容は、日常生活や普段のお買い物、料理や食事の際のお手伝いの経験の有無により、知識に大きな差が出てきます。ぜひ保護者の方がお手伝いの頼み方を工夫し、お子さまがさまざまなことを学習できるようにしてください。実際、本問の内容は、単に試験対策という枠を越えて、誰しもが身につけておくべき事柄です。保護者の方の普段の立ち振る舞いや行動が、そのままお子さまにうつっていくものですので、気を付けて行動していきたいところです。

【おすすめ問題集】
Ｊｒ・ウォッチャー12「日常生活」、30「生活習慣」、56「マナーとルール」

問題6　分野：常識（日常生活）

〈準 備〉　鉛筆

〈問 題〉　絵の中で仲間外れのものに○をつけましょう。

〈時 間〉　各15秒

〈解 答〉　①右から２番目（工事車）　②右端（撮影禁止）

アドバイス

問題５と同様、常識に関する問題です。特に②については、目にする機会は多いもののその名称や内容について簡潔に説明するのは、保護者の方でもやや難しいものもあるでしょう。左端の「ヘルプマーク」は、「援助や配慮を必要としているものの外見からは分からない方々が、援助が必要だと周囲の方に意思表示できるマーク」です。外見からは分からないというのがポイントで、そのためにこういったマークが作られました。右から２番目の「マタニティマーク」は、妊産婦が交通機関等を利用する際に身につけ、周囲が妊産婦への配慮を示しやすくするものです。誕生から20年近く経つマークですので、もうすっかりおなじみになりました。お子さまはこういったマーク等を見ると、「あれ、なあに？」となんでもよく聞いてきます。保護者の方は面倒がらずに丁寧に教えてあげるよう心がけるとよいでしょう。

【おすすめ問題集】
Ｊｒ・ウォッチャー12「日常生活」、30「生活習慣」、56「マナーとルール」

問題7　分野：常識（日常生活）

〈準 備〉　鉛筆

〈問 題〉　男の子が熱中症になりました。絵の中から、熱中症にならないために役立つものに○をつけましょう。

〈時 間〉　30秒

〈解 答〉　下図参照

アドバイス

問題５、問題６に引き続き常識です。実際、夏の暑さ対策は、幼児にとって大切です。健康を保つ意味からもぜひ覚えておきたい内容といえるでしょう。特にこまめな水分補給はとても大切です。喉が渇く前の適切な水分補給を心掛けましょう。この絵の中にはありませんが、ネックバンドも暑さ対策としては有効です。専用のタオルに水を含ませ、首に巻くものです。日焼けの防止にもなり一石二鳥です。100円ショップで購入できますので、ぜひ活用してみるとよいでしょう。

【おすすめ問題集】
Ｊｒ・ウォッチャー11「いろいろな仲間」、12「日常生活」、30「生活習慣」

問題８　分野：図形

〈準　備〉　鉛筆

〈問　題〉　上の形を作るのにいらないものを、下の枠の中から探して○をつけましょう。

〈時　間〉　１分

〈解　答〉　下図参照

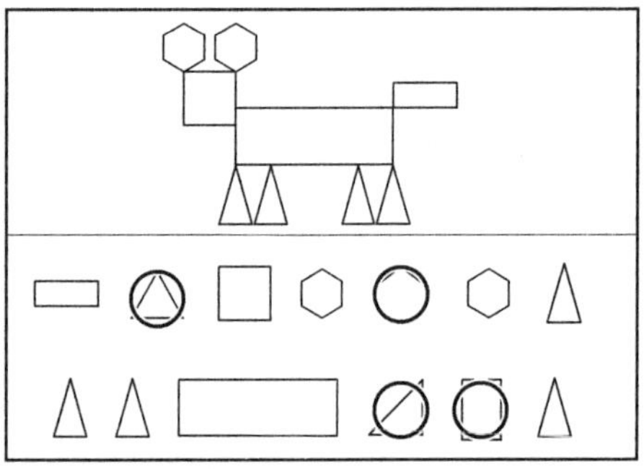

アドバイス

当校で度々出題される図形の問題です。回転の要素が加わればやや難易度が増しますが、本問はやさしい部類に入るといえるでしょう。このような図形の問題は、お子さまが楽しんで取り組むのが、実力向上の早道です。実際にいろいろな形をピースに切り分けて組み合わせる遊びを取り入れてみましょう。お子さまご自身がはさみで図を切り、組み合わせたものを並べたりすることで、巧緻性のトレーニングにもなります。慣れてきたら手を使わずに頭の中でピースを組み合わせる練習をしていきましょう。

【おすすめ問題集】
Ｊｒ・ウォッチャー３「パズル」、４「同図形探し」、９「合成」、45「図形分割」、54「図形の構成」

問題9　分野：図形（回転）

〈準備〉　鉛筆

〈問題〉　上の図を回転したとき、同じものを下から見つけて○をつけましょう。

〈時間〉　30秒

〈解答〉　左端

アドバイス

本問のような図形を回転させる問題はペーパー上で学習するのではなく、まずは実際に図を回転して確認してみるとよいでしょう。テキストをそのまま回転させてみてもよいですし、ハサミで切って回してみるのもおすすめです。そして、実物を使って理解する段階を卒業したら、「回転・展開」、「重ね図形」、「同図形発見」など図形分野それぞれについてテーマを絞って学習し、理解を深めていくことをおすすめします。問題を解く上で不可欠な「図形をイメージする力」が自然と備わってくることでしょう。

【おすすめ問題集】
Ｊｒ・ウォッチャー４「同図形探し」、５「回転・展開」、８「対称」、48「鏡図形」

問題10　分野：図形（回転）

〈準備〉　鉛筆

〈問題〉　上の観覧車が回転しました。下から同じ絵を見つけて○をつけましょう。

〈時間〉　30秒

〈解答〉　右から２番目

アドバイス

当校で毎年のように出題される観覧車の問題です。観覧車を使った比較の問題は、頭の中で考えようとしても、なかなか想像することができません。取り組みの中で、「観覧車がどれくらい動いたのか」ではなく、「基準となる絵と問題の絵の位置関係」が重要であるということに気付けるとよいでしょう。また、このような問題をきっかけに、反時計回りにしたらどうなるか、鏡に映ったらどうなるか、などさまざまな応用問題にすることもできます。問題ができたといって終わりにするのではなく、次の段階を目指してください。

【おすすめ問題集】
Ｊｒ・ウォッチャー５「回転・展開」、31「推理思考」、50「観覧車」

問題11　分野：図形

〈準　備〉　鉛筆

〈問　題〉　２番目に長い鉛筆に○を、２番目に短い鉛筆に×をつけましょう。

〈時　間〉　30秒

〈解　答〉　下図参照

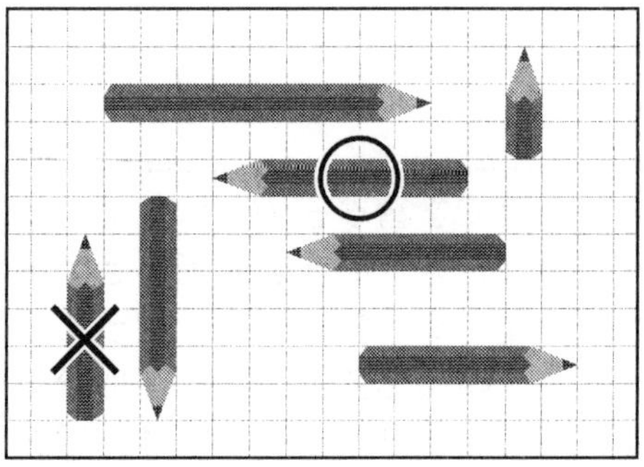

アドバイス

長さを比較する問題です。小学校受験では定番のテーマの一つですが、当校で出題された例はあまりありません。本問の場合、鉛筆の長さを比べるための目盛り線が引かれていますので、この数を数えれば長さの違いは自ずと分かるようになっています。ただし、本問は解答時間が短めに設定されているうえに、選択するのが１番長い、短いではなく、それぞれ２番目を選ぶという点がやや難しくなっています。１番短い鉛筆はパッと見てすぐ分かります。しかし２番目を選ぶとなると慣れが必要になります。一つひとつの長さを数えるのではなく、長さの違いを瞬時に見分けるためには、こうした問題を繰り返し解いて対策することも重要になってきます。また同時に、長いものに「○」、短いものに「×」をつけるということも重要です。長さの違いは分かっても印を間違えてしまっては元も子もありません。

【おすすめ問題集】
Ｊｒ・ウォッチャー15「比較」、58「比較②」、
基礎力アップトレーニング「比較力アップ」

家庭学習のコツ②　「家庭学習ガイド」はママの味方！

問題演習を始める前に、試験の概要をまとめた「家庭学習ガイド（本書カラーページに掲載）」を読みましょう。「家庭学習ガイド」には、応募者数や試験課目の詳細のほか、学習を進める上で重要な情報が掲載されています。それらの情報で入試の傾向をつかみ、学習の方針を立ててから、対策学習を始めてください。

問題12　分野：推理（系列）

〈準 備〉　鉛筆

〈問 題〉　お約束に従って絵が並んでいます。四角の中には何が入りますか。下の四角の中から選んで○をつけてください。

〈時 間〉　20秒

〈解 答〉　左（バケツ）

アドバイス

系列の問題は、絵や記号がどのような約束で並んでいるかを見つける問題です。この問題なら、左上のトマトから時計回りに兜、バケツバケツと４つがひと塊になっています。また２つ連続して並んでいるのがバケツだけですので、「？」にはバケツが入るという探し方もできるでしょう。しかし、この方法はハウツーであって、将来の学習につながるものではありません。それは「作業を覚えた」ということに過ぎないのです。ここで求めれているのは、系列にあるパターンを観察して発見するだけの思考力でしょう。もちろん、テストですから解答してから矛盾がないことを確認するために使うというのなら、こうしたハウツーはまったく無駄というわけではありません。保護者の方は、こうしたハウツーの意味や使うべきタイミングなども頭に入れて指導するようにしてください。

【おすすめ問題集】
Ｊｒ・ウォッチャー６「系列」

問題13　分野：系列（座標の移動）

〈準 備〉　鉛筆

〈問 題〉　指示された場所に記号を描きましょう。あなたから見て右、左と考えてやってみてください。
①ブタから右に２つ、上に２つ進んだところに○を描きましょう。
②ブタから下に１つ、左に２つ進んだところに×を描きましょう。
③ブタから上に１つ、左に１つ、上に１つ、左に１つ進んだところに△を描きましょう。

〈時 間〉　各15秒

〈解 答〉　下図参照

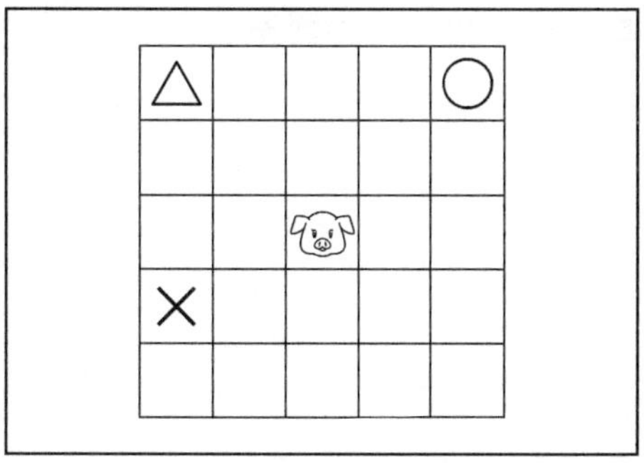

アドバイス

本問を解くには右左の区別がつくことが大前提となります。保護者の方はそんなことは当たり前と思うかもしれませんが、小学校受験を控えた年齢層で左右の弁別がつかないお子さまはそう珍しくありません。左右の弁別は、まず自分の右手、左手を基準に考えることが基本です。そこから右目、左目、右足、左足と覚えていきます。実際に体を動かし、「右手で左の耳を触ってください」、「左手で左の足首をつかんでください」などという指示を出して練習していくとよいでしょう。本問は左右の弁別や座標の移動に関する問題の中でも、取り組みやすい基本的な内容です。①～③に出題された指示以外にもいくつか設問し、繰り返し解いてみるのもよいでしょう。

【おすすめ問題集】
Ｊｒ・ウォッチャー６「系列」、47「座標の移動」

問題14　分野：行動観察

〈準備〉　段ボール、ガムテープ、のり、はさみ、折り紙、カラーテープ

〈問題〉　この問題の絵はありません。
段ボールを組み立てて「家」か「馬」のどちらかを作ります。１チーム４人から５人で行います。
①グループで話し合い、家と馬のどちらを作るか決めます。
②組み立てや飾り付けを協力しながら行います。
③完成後は、１人ずつ工夫した点を発表します。

〈時間〉　適宜

〈解答〉　省略

アドバイス

当然ですが、本問は作品の出来不出来だけを評価する問題ではありません。先生の指示がしっかりと「聞けているか」、指示の内容を「理解できているか」、お友だちとの話し合いに「参加できているか」、積極的に「行動しているか」、お友だちと「協力しあえているか」、お友だちの「邪魔をしないか」などが細かく観察されています。いずれも受験対策の一夜漬けで身につくものではありませんので、日頃からお友だちとの遊びを大切にし、マナーやルールの大切さを指導していきましょう。

【おすすめ問題集】
Ｊｒ・ウォッチャー23「切る・貼る・塗る」、29「行動観察」、
56「マナーとルール」

問題15　分野：推理思考（シーソー）、常識（理科）

〈準 備〉　鉛筆

〈問 題〉　①左のシーソーのように、イチゴ１つはバナナ２つと釣り合います。それでは、イチゴ３つは何本のバナナと釣り合いますか。その数だけ下の四角の中に○を描いてください。
②生き物の重さを比べました。実際の生き物で重たい生き物の方に○をつけてください。

〈時 間〉　30秒

〈解 答〉　①○：６　②ウサギ、カブトムシ

アドバイス

①のシーソーの問題は、小学校入試において、出題頻度の高い問題の１つです。本問では、シーソーは地面に平行で静止しているので、「釣り合っている＝重さが同じ」ということになります。イチゴ１つとバナナ２本が同じ重さということがわかっているので、イチゴ３つがバナナ何本の重さと等しいかを考えます。難しい場合は、シーソーの右側にバナナを描いて考えるとよいでしょう。②は常識の問題です。現実で重い方の生き物を選びます。生き物の実際の大きさを、知識として知っている必要があります。お子さまと一緒に図鑑を読んだり、動物園や公園に出かけて、生き物を観察することで知識を増やしていきましょう。

【おすすめ問題集】
Ｊｒ・ウォッチャー33「シーソー」、27「理科」、55「理科②」

家庭学習のコツ③　効果的な学習方法～問題集を通読する

過去問題集を始めるにあたり、いきなり問題に取り組んではいませんか？　それでは本書を有効活用しているとは言えません。まず、保護者の方が、すべてを一通り読み、当校の傾向、ポイント、問題のアドバイスを頭に入れてください。そうすることにより、保護者の方の指導力がアップします。また、日常生活のさまざまなことから、保護者の方自身が「作問」することができるようになっていきます。

問題16　分野：図形（系列）

〈準 備〉　鉛筆

〈問 題〉　マスの中の形はあるお約束で並んでいます。そのお約束を考え、空いているマスに入る形を描いてください。

〈時 間〉　１分

〈解 答〉　下図参照

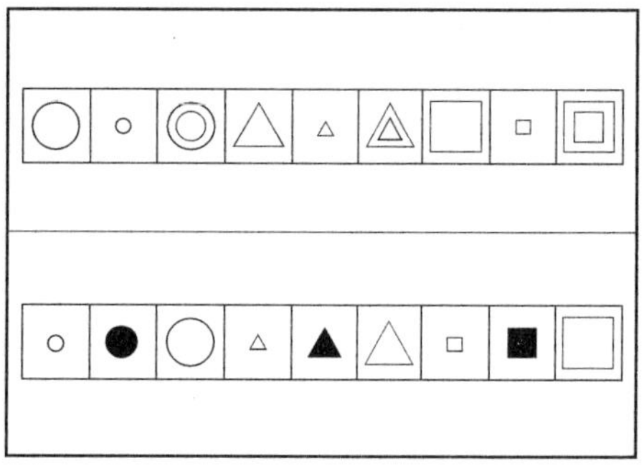

アドバイス

完成させるには、どのような約束事で絵が並んでいるかを左右の配列から推理・思考することが必要です。はじめのうちは声に出してみるのも１つの方法です。上段の問題であれば、「丸、小さい丸、（　）、三角、小さい三角、二重三角、（　）、小さい四角、二重四角」と言葉にすることで、並び方が整理でき、また、リズムによって規則性がつかみやすくなります。実際の試験では声を出すことはできません。ですからこの方法は、あくまでも慣れないうちの練習と考えてください。慣れてきたら、声に出すのではなく、頭の中で行うようにしましょう。また、記号を描くときは正確に描くようにしましょう。ポイントとしては、頂点のある形は、頂点をしっかりと描くよう指導してください。また、本問では大小の〇△□を使用します。ですから、採点者が一目でわかるような解答を意識しましょう。

【おすすめ問題集】
　Ｊｒ・ウォッチャー６「系列」

問題17　分野：図形（座標）

〈準備〉　鉛筆

〈問題〉　上の四角を見てください。それぞれの果物が右の記号に変わります。では、下の四角を見てください。左のマスに描いてある果物を、上のお約束通りに右のマスに描いてください。

〈時間〉　30秒

〈解答〉　下図参照

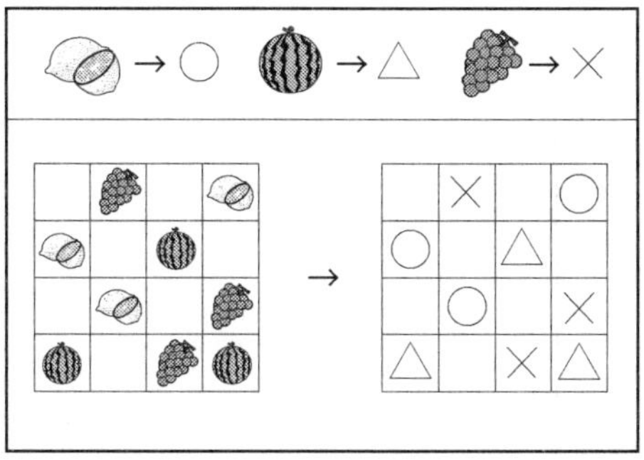

アドバイス

このような問題は、正確性とスピードが求められます。問題の内容としては、特に難しいものではありませんから、確実に点数を取っておきたい問題の１つです。この問題を解く方法としては、元に描いてある順番に沿って描き換えていくやり方と、スイカならスイカだけを描き、終わったら次の果物を描いていくやり方とがあります。どちらの方法を用いても構いませんが、処理スピードを考えると後者の方が短時間で描くことができると思います。この他で大切なことは、描き写すマスの位置を正確に把握することです。この位置関係を間違えると、例え、描き換えが正確でも正解とはなりません。この問題に限定するなら、描き写しの方法よりも、位置関係の把握の方が難易度は高い内容と言えるでしょう。このマス状の位置関係の把握には、将棋盤やオセロなど、マス目の盤を使用する物を代用教材として利用できますから、お試しください。

【おすすめ問題集】
Ｊｒ・ウォッチャー2「座標」

問題18　分野：図形（図形の構成、四方からの観察）

〈準備〉　鉛筆

〈問題〉　上の四角にある、５つの積み木を使ってできる形はどれですか。下の四角の中から選び○をつけてください。

〈時間〉　30秒

〈解答〉　下図参照

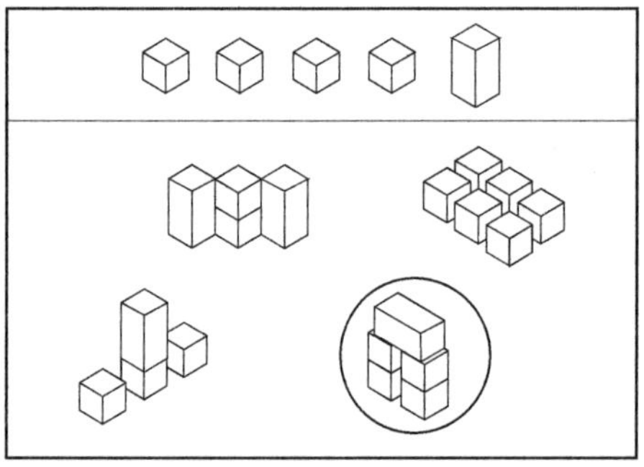

アドバイス

本問は、図形の構成と数が関係する問題です。まず、構成する積み木の種類と数を正確に認識しなければなりません。次に、選択肢の中で明らかに違う形、数が合わない形を選択肢から除外していけば、残された形が正解となります。もし、その方法で正解が見つからないときは、選択肢を絞り、残されたものをしっかりと観察します。あらかじめ選択肢を減らしておくことで、残された積み木をしっかりと観察する時間を作ることができます。この問題は、空間認識力、観察力、数の把握、スピードなどが求められる問題ですが、特に、空間認識力と観察力は重要です。積み木に関する力を上げるためには、普段の遊びの中で、積み木遊びを取り入れ、いろいろな形を作ることがおすすめです。実際に積むことで、このような問題を解くときに、頭の中で積み木を積むことができるようになります。この、頭の中で積む行為は、四方からの観察を含め、積み木に関する問題全般に応用が可能です。こうした力を得るためにも、具体物を使用した遊びを積極的に取り入れましょう。

【おすすめ問題集】

Ｊｒ・ウォッチャー16「積み木」、54「図形の構成」

問題19　分野：常識（理科）

〈準備〉　鉛筆

〈問題〉　上に描いてある生き物が住んでいる場所を線で結びましょう。

〈時間〉　1分

〈解答〉　下図参照

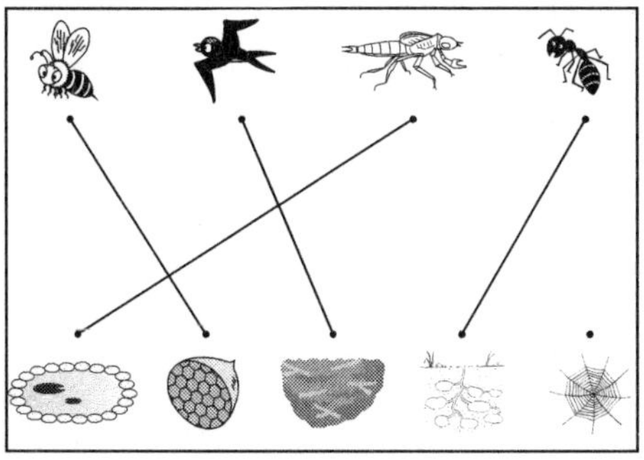

アドバイス

この問題では、生態に関する常識と運筆の要素が含まれています。まず、生態に関する方ですが、この中で悩むのはヤゴだと思います。近年、宅地開発が進み、田んぼなどヤゴの生息地が生活圏から失われつつありますが、ヤゴは入試でよく出てきますので、この際、しっかりと覚えさせましょう。次に、解答の方法ですが、生き物が４つに対して選択肢が５つとなっており、選択肢が１つ余ります。このような出題形式の問題であっても、わかるものから線で結び、選択肢を減らす消去法の考え方で解答していく方法がおすすめです。そして最後のポイントは、点と点をしっかりと線で結べていたかです。入試のときは、指示が出ていなくても、このように点が示されている場合は、点と点をしっかりと結ぶように解答しましょう。また、お子さまが描いた線はしっかりとした直線でしたか。描いた線を見れば、自信を持って解答したのか否かはわかります。自信を持って線が描けるよう、しっかりと学習しましょう。

【おすすめ問題集】

Ｊｒ・ウォッチャー27「理科」、55「理科②」

問題20　分野：常識（理科）

〈準備〉　鉛筆

〈問題〉　磁石につく物とつかない物が入っている袋に○をつけてください。

〈時間〉　30秒

〈解答〉　下図参照

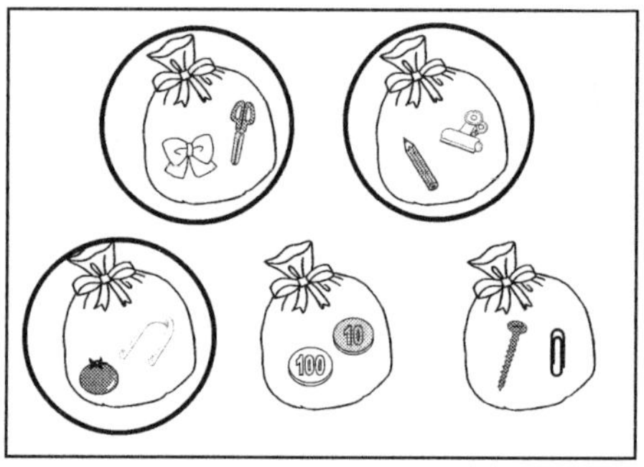

アドバイス

「鉄は磁石につく」という知識があれば問題をスムーズに解くことができるでしょう。しかし、その知識だけではなく、「ハサミの刃は鉄でできている」「硬貨は鉄でできていない」という派生した知識も必要です。解答時間も短いため、磁石につく物とつかない物は知識として知っているに越したことはありません。知識を身につけるために、ご家庭で、磁石にいろいろな物を近づけてみる体験をすることをおすすめいたします。このとき、「磁石につく物にはある共通点があるけど、何だと思う？」とお子さまに質問をし、考える時間を設けましょう。保護者の方は、スチール缶やアルミ缶、硬貨などを使って、金属にもさまざまな種類があることを伝えてあげるとよいでしょう。「すべての金属が磁石にくっつくわけではない」ということがわかれば、日常生活で何気なく使っている道具についても、興味や探究心が生まれると思います。

【おすすめ問題集】

Ｊｒ・ウォッチャー27「理科」、51「運筆①」、52「運筆②」、55「理科②」

問題21　分野：常識（季節）

〈準 備〉　鉛筆

〈問 題〉　季節の順番通りに並んでいるものには○、並んでいないものには×をつけてください。

〈時 間〉　30秒

〈解 答〉　下図参照

×	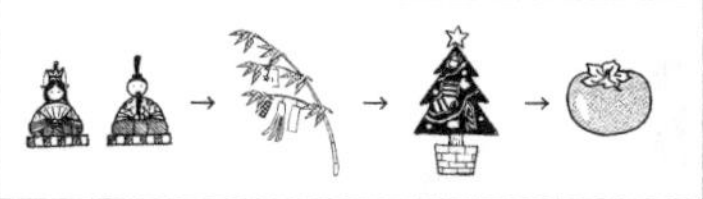
○	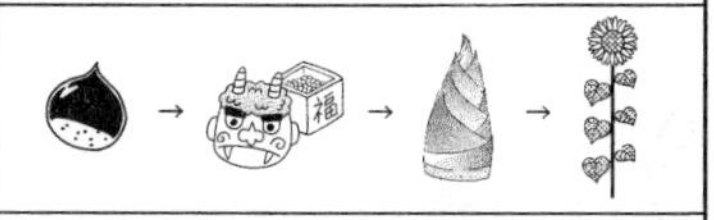
×	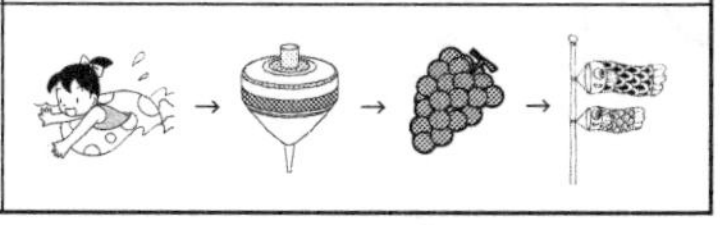

アドバイス

食べ物、季節の行事などが出題されています。間違えてしまった箇所は、春夏秋冬をもう一度確認しておきましょう。常識問題は、知識がなければ正解することができません。ここで求められる知識は、生活体験に基づいた知識になります。入試のための知識も、実は、生活体験が土台となっていることがわかると思います。学習の際、行事は行事、食材は食事と分けて指導する方がいますが、これはおすすめできません。そのような場合、この問題に対応できなくなってしまいます。おすすめの対策として、仲間集めのゲームなどをして、楽しみながら知識をつける方法があります。日常生活の中で学べることは数多くあるので、生活と学習を切り離すのではなく、「生活＝学習」という気持ちで小学校受験に取り組んでいくようにしましょう。

【おすすめ問題集】

Ｊｒ・ウォッチャー34「季節」、37「理科」、55「理科②」

問題22　分野：常識（日常生活）

〈準備〉　鉛筆

〈問題〉　地震が起きたときに使ったり、役に立つ物に○をつけてください。

〈時間〉　20秒

〈解答〉　下図参照

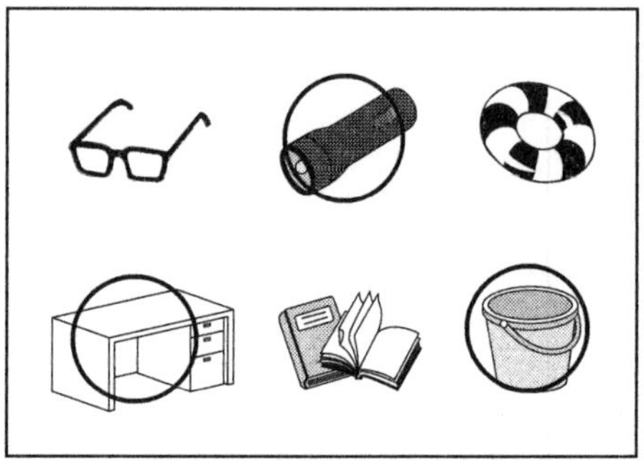

アドバイス

本問では、地震が起きたときに使ったり、役に立つ物を問われていますが、もし、大きな地震が発生したら、最初に何をするのか、お子さまは、身の安全確保について理解しているでしょうか。この問題は、試験でもありますが、起こりうる事態に対する心構えについてご家族で話し合いをするきっかけにして欲しいとも思います。これらの道具は、なぜ災害時に役に立つのか、どのように使うのかも、お子さまに質問してみましょう。試験に焦点を当てて考えてみますと、このような体験を伴う問題は、小学校入試では頻出分野になりつつあり、かつ、常識の問題では、解答時間が短くなってきている傾向があります。その理由ですが、試験対策として覚えたことを問うのではなく、普段からの行動や話し合いがどれほどされているかなど、日常生活に結びつけてどうであるかを知るためです。考えて解答するものではないため、解答時間は短く設定されています。

【おすすめ問題集】
　Ｊｒ・ウォッチャー12「日常生活」

問題23　分野：常識（日常生活）

〈準備〉　鉛筆

〈問題〉　**この問題の絵は縦に使用して下さい。**
３つがすべてそろう正しい組み合わせを上、真ん中、下につながるように線で結んでください。

〈時間〉　45秒

〈解答〉　下図参照

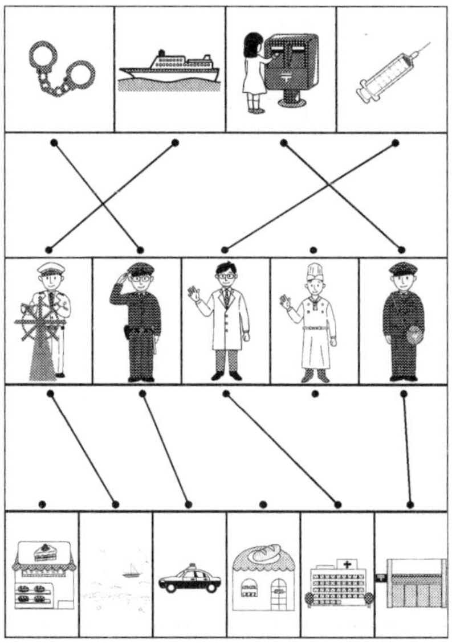

アドバイス

本問の特徴は、それぞれの段に描いてある絵の数が違うことです。ですから、真ん中の人間を中心に考えると、上下段の絵と結びつけやすいのですが、上の段と線で結べない人が出てくることになります。普段、家庭学習の際、同数のものを結ぶ問題ばかりしていると、このような問題のときに混乱し、対応できなくなります。大切なことは先入観を持たずに問題に向き合うことです。また、「こうでなければ」「こうなるはずだ」などという考えを持って望むこともよくありません。大切なことは、問われたことに対して、正確に対応することです。ですから、問題をしっかりと聞き、指示されたことを実行する。このシンプルな姿勢で問題を解くように心がけましょう。保護者の方はこの問題をもう１度見てください。「すべて結ぶ」とは指示されていません。「３つがすべてそろう正しい組み合わせ」と指示されていますから、関係のないものは結ぶことができないことになります。幅広い問題に取り組み、慣れておくことが大切です。

【おすすめ問題集】
Ｊｒ・ウォッチャー12「日常生活」

問題24　分野：常識（日常生活）、記憶（見る記憶）

〈準 備〉　鉛筆

〈問 題〉　①（24-１の絵を渡す）
　動物たちに「公園で何をしたの」と聞きました。質問に正しく答えている動物に○をつけてください。
パンダ：「お兄さんと一緒に行ったよ」
イ　ヌ：「すべり台に上ったよ」
ゾ　ウ：「日曜日に行ったよ」
ウサギ：「もっと遊びたかったよ」

②（24-１の絵を回収し、24-２の絵を見せる）
　絵をよく見て覚えましょう。
　（20秒後、24-２の絵を伏せる。再び24-１の絵を渡す）
　正しいことを言っている子に○をつけてください。
キリン：「車に乗ってお出かけしたよ」
へ　ビ：「すべり台で遊んだよ」
イ　ヌ：「１人で縄跳びの練習をしたよ」
ネズミ：「ブランコに乗って遊んだよ」

〈時 間〉　各30秒

〈解 答〉　①イヌ　②ヘビ、ネズミ

アドバイス

①では、質問と答えが対応しているかを判断します。質問で「何をしたか」を聞かれているので、やったことを答えているイヌが正解です。パンダは「誰と行ったか」、ゾウは「いつ行ったか」、ウサギは遊んだ感想を言っています。話の内容を的確に把握し、対応しなければなりません。この問題は、日頃の会話の頻度が大きく影響してきます。お子さまとの会話を増やし、的確な答え方ができるようにしましょう。②は、見る記憶の問題です。正確に記憶するためには、「誰が、何をしているか」を１つひとつ抑えることがポイントです。お子さまが苦手意識を持たれているようでしたら、解答時間を長めに設定したり、絵の数を減らしてあげましょう。徐々に難易度をあげていくことで、お子さまも問題に慣れ、正答率も上がります。

【おすすめ問題集】
　Ｊｒ・ウォッチャー12「日常生活」、20「見る記憶・聴く記憶」

問題25　分野：言語

〈準 備〉　鉛筆

〈問 題〉　「こぐ」という言葉を使う絵に○をつけてください。

〈時 間〉　30秒

〈解 答〉　下図参照

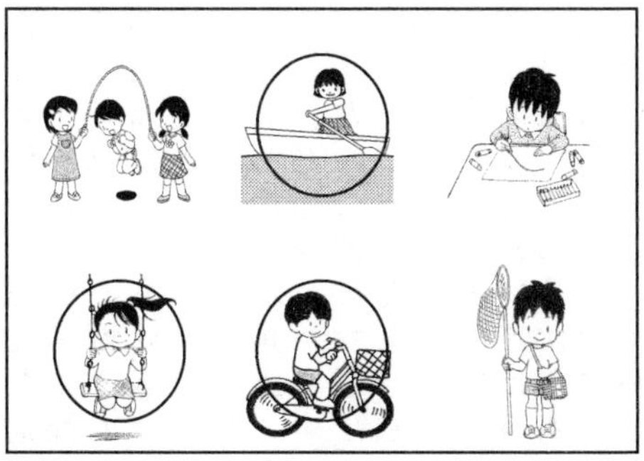

アドバイス

同じ「こぐ」でも、「舟を漕ぐ」「ブランコを漕ぐ」「自転車を漕ぐ」と、違う動作を示していることを、きちんと理解しておきましょう。同音異義語の動詞はどのような場面で使うことができるか、お子さまに考えさせてみましょう。また、同音異義語は、実際に聞くこと、使うことで覚えます。ですから、お子さまに話しかける際は、「ハンガーに服をかけて」「イスに腰かけて」というふうに、同音異義語を積極的に使いましょう。このように小学校受験で出題される言葉は、いずれも生活の中で実際に聞いたり、話したりすることのある馴染み深いものです。日常生活で使う言葉の量を増やし、お子さまの語彙力を鍛えましょう。

【おすすめ問題集】
Ｊｒ・ウォッチャー18「いろいろな言葉」

問題26　分野：記憶（お話の記憶）

〈準備〉　鉛筆

〈問題〉　節分の夜のことです。まことくんが元気に豆まきを始めました。ぱらぱらぱらぱら。まことくんは炒りたての豆を力いっぱい投げました。「福はうち。オニは外」茶の間も、客間も子ども部屋も、台所も、玄関も手洗いも、丁寧にまきました。そこでまことくんは、「そうだ、物置小屋にもまかなくっちゃ」と言いました。その物置小屋の天井に、去年の春から小さな黒オニの子どもが住んでいました。「おにた」という名前でした。おにたは気のいいオニでした。昨日もまことくんに、なくしたビー玉をこっそり拾ってきてやりました。この前は、にわか雨の時、干し物を茶の間に投げ込んでおきました。お父さんの靴をピカピカに光らせておいたこともあります。でも、誰もおにたがしたとは気が付きません。恥ずかしがりやのおにたは、見えないように、とても用心していたからです。豆まきの音を聞きながらおにたは思いました。（人間っておかしいな。オニは悪いって決めているんだから。オニにもいろいろいるのにな。人も、いろいろいるみたいに。）そして、古い麦わら帽子をかぶりました。角隠しの帽子です。こうして、カサッとも音を立てないで、おにたは物置小屋を出て行きました。粉雪が降っていました。道路も屋根も野原も、もう真っ白です。おにたの裸足の小さな足が、冷たい雪の中に、時々ずぽっと入ります。（いいうちがないかなあ。）でも、今夜はどのうちも、ヒイラギの葉をかざっているので、入ることができません。ヒイラギはオニの目を刺すからです。小さな橋を渡ったところに、トタン屋根の家を見つけました。おにたの低い鼻がうごめきました。（こりゃあ、豆の匂いがしないぞ。しめた。ヒイラギもかざっていない。）どこから入ろうかと、きょろきょろ見回していると、入り口のドアが開きました。おにたは素早く家の横に隠れました。女の子が出てきました。その子はでこぼこした洗面器の中に、雪をすくって入れました。それから、赤くなった小さな指を口に当てて、はーっと白い息を吹きかけています。（今のうちだ。）そう思ったおにたは、ドアからそろりとうちの中に入りました。そして、天井のはりの上にネズミのように隠れました。部屋の真ん中に、薄いふとんが敷いてあります。寝ているのは、女の子のお母さんでした。女の子は、新しい雪で冷やしたタオルを、お母さんの額に乗せました。すると、お母さんが、熱でうるんだ目をうっすらと開けて言いました。「お腹がすいたでしょう？」女の子は、はっとしたように唇をかみました。でも、懸命に顔を横に振りました。そして、「いいえ。すいてないわ」と答えました。「あたし、さっき食べたの。あのねえ…　あのねえ…　お母さんが眠っているとき」と話し出しました。「知らない男の子が持ってきてくれたの。あったかい赤ご飯と、うぐいす豆よ。今日は節分でしょう。だから、ごちそう余ったって」お母さんはほっとしたようにうなずいて、またとろとろ眠ってしまいました。すると、女の子が、ふーっと長いため息をつきました。おにたはなぜか、背中がむずむずするようで、じっとしていられなくなりました。それで、こっそりはりをつたって、台所に行ってみました。台所は、かんからかんに乾いています。米粒一つありません。大根一切れありません。（あのちび、何も食べちゃいないんだ。）おにたはもう夢中で、台所の窓の破れたところから寒い外へ飛び出して行きました。それからしばらくして、入り口をとんとんと叩く音がします。（今頃、誰かしら？）女の子が出て行くと、雪まみれの麦わら帽子を深くかぶった男の子が立っていました。そして、ふきんをかけたお盆のようなものを差し出したのです。「節分だから、ごちそうが余ったんだ」おにたは一生懸命、さっき女の子が言った通りに言いました。女の子はびっくりしてもじもじしました。「あたしにくれるの？」そっとふきんをとると、温かそうな赤ご飯とうぐいす色の煮豆が湯気を立てています。女の子の顔が、ぱっと赤くなりました。そして、にこっと笑いました。女の子が箸を持ったまま、ふっと何か考え込んでいます。「どうしたの？」おにたが心配になって聞くと、「もう皆、豆まきすんだかな、と思ったの」と答えました。「あたしも豆まき、したいなあ」「なんだって？」おにたは飛び上がりました。「だって、オニがくれば、きっとお母さんの病気が悪くなるわ」おにたは手をだらんと下げてふるふるっと悲しそうに身震いして言いました。「オニにだって、いろいろあるのに。オニにだって…」氷がとけたように、急におにたがいなくなりました。後には、あの麦わら帽子だけが、ぽつんと残っています。「変ねえ」女の子は立ち上がってあちこち探しました。そして、「この帽子忘れたわ」それを、ひょいと持ち上げました。「まあ、黒い豆！　まだあったかい…」お母さんが目を覚まさないように、女の子はそっと豆をまきました。「福はうち、オニは外」麦わら帽子から黒い豆をまきながら、女の子は、（さっきのはきっと神様だわ。そうよ、神様よ。）と、考えました。（だから、お母さんだってもうすぐ良くなるわ。）ぱらぱらぱらぱら。ぱらぱらぱらぱら。とても静かな豆まきでした。【「おにたのぼうし」】

質問に合った答えを言っていると思う動物に○をつけてください。

①あなたはこの話を聞いてどう思いましたか。
ゾ　ウ：「人間いいな」
ウサギ：「人間ておかしいな。どうしてオニが悪いと決めつけているんだろう」
イ　ヌ：「人間て不思議だね」

②病気で寝ているお母さんが、女の子に「お腹が空いたんでしょ？」と言ったとき、女の子は「私、食べたの」と言ったのはどうしてでしょうか。
ゾ　ウ：「おにたに節分のご馳走をもらって食べたから」
ウサギ：「台所にあったご飯を１人で先に食べたから」
イ　ヌ：「食べてないけどお母さんに心配をかけたくなかったから」

③助けた女の子がオニが来ればお母さんの病気が悪くなるから豆まきをしたいと言ったとき、おにたはどんな気持ちだったでしょうか。
ゾ　ウ：「豆まきなんてつまらないという残念な気持ち」
ウサギ：「せっかくご馳走を持ってきてあげたのにという悔しくて怒る気持ち」
イ　ヌ：「オニだっていろいろあるのにというわかってもらえなくて切ない気持ち」

④「おにたのぼうし」の話を聞いて、あなたはおにたに何と言ってあげたいですか。
ゾ　ウ：「おにたはオニだから人間と仲良くするのは難しいと思うよ」
ウサギ：「おにたは優しいね。よいオニだとわかっているよ」
イ　ヌ：「おにたは恥ずかしがり屋だから、恥ずかしがらないようにすればいいと思うよ」

〈時間〉　各15秒

〈解答〉　①ウサギ　②イヌ　③イヌ　④ウサギ

アドバイス

今回のお話の記憶の問題では、『おにたのぼうし』（著：あまんきみこ、絵：岩崎ちひろ）が使用されました。当校では長いお話が扱われています。長いお話だと集中力が切れて、しっかり記憶することが難しいと思います。このような場合、１つひとつの場面をイメージしながらお話を聞くと、登場してくる人物やその内容を記憶しやすくなります。場面をイメージしながらお話を聞くことで、お話の中で重要なポイント（事件や、それに関連した登場人物の心情など）がわかります。今回のお話でいうと、女の子が「豆まきをしたい」と言ったときのおにたの気持ち、などがその例でしょう。日頃の学習で、いきなりこれほど長いお話を繰り返すと、お子さまが読み聞かせに苦手意識を持ってしまうかもしれません。ですから、最初は短いお話から始めてみましょう。お話の長さを徐々に伸ばしていくことで、お子さまの記憶力や集中力も着実に身についていきます。

【おすすめ問題集】
１話５分の読み聞かせお話集①・②、お話の記憶 初級編・中級編・上級編、
Ｊｒ・ウォッチャー19「お話の記憶」

問題27　分野：行動観察

〈準備〉　シール、折り紙、花紙、ハサミ（2つ）、のり（1つ）

〈問題〉　（5人で1グループをつくる）
シールや紙を切ったり貼ったりして、虹の絵に飾り付けをしてください。

〈時間〉　20分

〈解答〉　省略

アドバイス

本問では、人数分はない道具（ハサミ、のり）を、お友だちとどのように譲り合って使うかがポイントです。遠慮して、お友だちに道具を譲り続けたり、自分だけが使い続けることはよくありません。グループの全員が、平等かつ円滑に作業ができるよう、工夫して道具を使いましょう。このような課題で大切なことは、1人ひとりが、互いに配慮しあい、自由な制作をすることです。道具を借りたいときは「次、借して」と声をかけ、借してと言われたときは快く貸してあげられるようにしましょう。また、チームワークやコミュニケーション力の他に、道具が正しく扱えているかもポイントになります。ハサミを人に渡すときは柄の方を相手に差し出せていますか。刃を閉じないまま放置していませんか。紙につけるのりは出しすぎていませんか。道具の扱い方にも意識を向け、落ち着いて制作ができるようにしましょう。

【おすすめ問題集】
Jr・ウォッチャー29「行動観察」

問題28　分野：運動

〈準備〉　マット、ボール、的、踏切板、ビニールテープ

〈問題〉　**この問題の絵はありません。**

①スタートの線から、ゴールの線まで、手だけを使って進む、アザラシ歩きをしてください。

②線の位置から、的をめがけてボールを投げてください。

③走り幅跳びをします。踏切板まで助走し、踏切板の上でジャンプして、マットに着地しましょう。

〈時間〉　適宜

〈解答〉　省略

アドバイス

2023年度の試験では３年ぶりに運動の試験が実施されました。注意したいのは、②のボールを使った課題です。お子さまがボールの扱いに苦手意識を持っている場合は、とにかくボールに触れる機会を増やしてください。ボールの扱いに慣れてきたら、距離に合わせて投げる力を調整するなどの１つ上の段階に進みましょう。運動の試験では、運動能力もさることながら、指示された通りに行動できているか、課題に意欲的に取り組んでいるか、自分以外のお友だちが試験を受けている間も集中力を持続できているかなどが観られています。お子さまの競技をする順番によって、緊張や集中力のピークは変わりますが、大切なことは、待ち時間も試験だと意識することです。

【おすすめ問題集】
新運動テスト問題集、Ｊｒ・ウォッチャー28「運動」

※問題を始める前に、巻頭の「本書ご使用方法」「本書ご使用にあたっての注意点」をご覧ください。

**保護者の方は、別紙の「家庭学習ガイド」「合格ためのアドバイス」を先にお読みください。
当校の対策および学習を進めていく上で、役立つ内容です。ぜひ、ご覧ください。**

〈雲雀丘学園小学校〉

2024年度の最新問題

問題29　分野：口頭試問（言語）

〈準　備〉　なし

〈問　題〉　**この問題の絵はありません。**
①「と」からはじまる言葉をできるだけたくさん教えてください。
②「あ」からはじまる２つの音の言葉をできるだけたくさん教えてください。

〈時　間〉　適宜

〈解　答〉　①とり、とんかつ、といれ、とんぼ、とうふ　など
②あさ、あき、あみ、あり、あせ　など

アドバイス

このような問題は、どれだけ語彙を知っているのか、どれだけ言葉遊びをしているのかがポイントです。子どもは言葉をどんどん吸収し、どんどん使おうとします。はじめて見た物などの名前を正式な名前で教えたり、図鑑などを見て興味を持たせて憶えていくとよいでしょう。そのためには周りにいる大人が正確な情報を教えていくことが大切です。また、言葉遊びは、しりとりだけではなく、同頭語、同尾語などを集めてみたり、ゲームなどを取り入れて楽しみながら学習するとよいでしょう。

【おすすめ問題集】
Ｊｒ・ウォッチャー17「言葉音遊び」、18「色々な言葉」、60「言葉の音」

弊社の問題集は、同封の注文書の他に、
ホームページからでもお買い求めいただくことができます。
右のQRコードからご覧ください。
(雲雀丘学園小学校おすすめ問題集のページです。)

問題30　分野：お話の記憶

〈準 備〉　鉛筆

〈問 題〉　太郎くんは、お母さんにおつかいを頼まれました。スーパーマーケットに行くと、はじめにソーセージをカゴに入れました。次に、イチゴとジャガイモとニンジンをカゴに入れました。お店の中を歩いているとイチゴが乗った小さなケーキがとてもおいしそうでしたが、お母さんに頼まれていないので買わずに、お金を払って帰りました。家に着くと、お母さんは「がんばったね。次もお願いね」とほめてくれました。
（問題30の絵を渡す）
①買っていないものはどれですか。○をつけましょう。
②お母さんに何と声を掛けられましたか。

〈時 間〉　各20秒

〈解 答〉　①玉ねぎ、ダイコン、ケーキ
②「がんばったね。次もお願いね」とほめてくれました

アドバイス

短いお話で、設問の内容もやさしいものです。買っていないものを選ぶという点だけ注意が必要です。お話の内容だけでなく、設問も注意深く聞いていないと間違った解答になってしまいます。うっかり買ったものに○をつけてしまわないようにしましょう。お話の記憶に関する問題は、当校で例年出題されます。これを正確に解くには記憶力はもちろん、集中して聞く力、想像力が必要です。お話の流れに沿って頭の中でその情景を思い浮かべて聞いていくと、登場する人物やその内容が記憶しやすくなります。楽しくお子さま向けの絵本や物語を読み聞かせ、想像力を豊かにし自主性を引き出せるようにしましょう。また、お話を聞いたあとで、お子さまが想像した内容や感想について話を聞いてみるのもよいでしょう。

【おすすめ問題集】
1話5分の読み聞かせお話集①・②、お話の記憶 初級編・中級編・上級編、
Ｊｒ・ウォッチャー19「お話の記憶」、
基礎力アップトレーニング「聞く力、記憶力アップ」

家庭学習のコツ①　「先輩ママたちの声」を読みましょう！

本書冒頭の「先輩ママたちの声」には、実際に試験を経験された方の貴重なお話が掲載されています。対策学習への取り組み方だけでなく、試験場の雰囲気や会場での過ごし方、お子さまの健康管理、家庭学習の方法など、さまざまなことがらについてのアドバイスもあります。先輩ママの体験談、アドバイスに学び、ステップアップを図りましょう！

問題31　分野：個別テスト（口頭試問）

〈準備〉　なし

〈問題〉　この問題の絵はありません。

おもちゃの取り合いでけんかをしたため、一朗君が泣いています。そこに友だちの花子さんが来て、一朗君は泣き止みました。ここで何があったと思いますか？
想像して話してください。

〈時間〉　5分

〈解答〉　省略

アドバイス

当校の入学試験において重要な位置を占める個別テストです。常識や知識の有無を問うものや、思考させるもの、自分の考えや意見を聞くものなど、聞かれる内容は多岐に渡りますが、「問われたことの趣旨を理解し、その問いにきちんと答える」という基本は変わりません。こういった姿勢は、ふだんの生活の中で自然と身に付いていくものであるため、家庭における豊かなコミュニケーション体験が大切になってきます。日頃から、お子さまに対し指示や命令を出すだけでなく、さまざまなことがらについて質問を行い、お子さまの話や考えを聞くようにしましょう。また、言葉遣いも重要です。聞かれたことに対し単語だけで答えるのではなく、「○○です」「○○だからだと思います」というように、きちんとした表現で話せるようにしておきましょう。そのためには、周囲の大人がていねいな言葉を使う必要があります。なお、本問の解答例としては「花子さんが『おもちゃはきっと返ってくるよ』と慰めてくれました」、「花子さんが『これから一緒に公園で遊ぼう』とやさしく誘ってくれました」などが考えられますが、この解答に対して「どうしてそうしたのか」がとても重要になってきます。この点について自分の言葉で表現できるようになれればパーフェクトといえるでしょう。

【おすすめ問題集】
新口頭試問・個別テスト問題集、Ｊｒ・ウォッチャー29「行動観察」

家庭学習のコツ②　「家庭学習ガイド」はママの味方！

問題演習を始める前に、試験の概要をまとめた「家庭学習ガイド（本書カラーページに掲載）」を読みましょう。「家庭学習ガイド」には、応募者数や試験課目の詳細のほか、学習を進める上で重要な情報が掲載されています。それらの情報で入試の傾向をつかみ、学習の方針を立ててから、対策学習を始めてください。

問題32　分野：個別テスト（口頭試問、推理）

〈準 備〉　鉛筆

〈問 題〉　先生が両手に鉛筆をにぎっています。鉛筆の根本は先生の手で隠れているので見えません。左右の手のどちらの鉛筆が長いと思いますか。

〈時 間〉　30秒

〈解 答〉　省略

アドバイス

手で鉛筆が隠れているので、実際、どちらが長いかは握っている本人しか分かりません。たまたま同じということもあり得るでしょう。ですから解答例としては「手で隠れているのでどちらが長いか分かりません」がその一つになります。また、握り方の様子を比較し、左右のどちらかが長いと説明するという答え方もあるかもしれません。解答の内容に良し悪しはこの場合、特にありません。自分の考えた内容をハキハキとしっかり説明できることこそが重要です。ただし、解答の内容も含め、ありきたりなのも印象に残らずよいといえません。こういった点については、試験対策の一夜漬けで身につくものではありませんので、普段の生活や園での学習の中で少しずつ表現力を磨いていくように心がけましょう。なお、本問の絵は、右側が左手、左側が右手となっています。

【おすすめ問題集】
Ｊｒ・ウォッチャー29「行動観察」、30「生活習慣」

問題33　分野：行動観察（生活巧緻性）

〈準 備〉　傘

〈問 題〉　この問題の絵はありません。
開いた状態の大人用傘を、畳んで傘立てにしまいましょう。

〈時 間〉　適宜

〈解 答〉　省略

家庭学習のコツ③　効果的な学習方法～問題集を通読する

過去問題集を始めるにあたり、いきなり問題に取り組んではいませんか？　それでは本書を有効活用しているとは言えません。まず、保護者の方が、すべてを一通り読み、当校の傾向、ポイント、問題のアドバイスを頭に入れてください。そうすることにより、保護者の方の指導力がアップします。また、日常生活のさまざまなことから、保護者の方自身が「作問」することができるようになっていきます。

アドバイス

傘は日常生活の中で誰しも使う道具ですが、その際、お子さまにきちんと畳ませているでしょうか。ただ閉じてバンドを留めるだけなら誰でもできます。しかし、それぞれの骨の間の生地を同じ方向にまとめて畳むには大人でもそれなりの時間がかかります。当然、その方が見栄えもよいのですが、ここまでできるお子さまは稀でしょう。しかし、本問のように実際に試験で出題されることもあります。衣服を畳むなど、基本的な事柄についてはぜひ日常生活に取り入れ、お子さまが自分でできるようにしましょう。当校の教育目標に「心豊かに　学校生活のルールやマナーが自然に身に付く環境を整え、心と社会性を身に付けます。また、さまざまな活動を通じて心身ともに成長し、人間力を高めます。」というものがあります。今のうちに、自分のことは自分でできるようにしておき、習慣化させましょう。

【おすすめ問題集】
Ｊｒ・ウォッチャー25「生活巧緻性」、29「行動観察」、30「生活習慣」

問題34　分野：巧緻性（箸使い）

〈準備〉　豆をおわんに入れておく、空の皿、箸

〈問題〉　おわんに入っている豆を、空の皿に箸で移してください。落としてもそのまま拾わずに続けてください。

〈時間〉　30秒

〈解答〉　省略

アドバイス

実際の考査の時に使用されたものは小さなブロック（レゴブロック）の顔の部分でした。箸は子ども用のサイズだったようです。この課題を対策する際は、正しく箸の持ち方ができているか、落としたり失敗をしたときの態度はどうなのか、やっているときの姿勢に注意して観てください。練習するときは様々なものを使用して豆つかみの練習をすることをお勧めいたします。終わったときの指示があるかどうかをしっかり聞いて行動するように最後まで聞くことを習慣づけておくとよいでしょう。近年、正しい箸使いができない大人も増えています。学校側は、保護者の方が正しい箸の持ち方ができなければ、お子さまもできない。子どもだけきちんと練習して、保護者の方はしなくてよいとは考えていません。実際に関西の学校では、面接で保護者の方にも豆つかみをしてもらったらどうかという意見がでています。当校で実践されても大丈夫なように保護者の方も練習をしておきましょう。

【おすすめ問題集】
Ｊｒ・ウォッチャー30「生活習慣」、ゆびさきトレーニング①・②・③

問題35　分野：生活習慣

〈準 備〉　鉛筆

〈問 題〉　絵に描かれているものを仲間分けしましょう。また、どうしてそのように分けたのか説明してください。

〈時 間〉　１分

〈解 答〉　省略

アドバイス

掃除に使う道具、料理に使う道具、それぞれを分けること自体は簡単です。しかし、その用途について明瞭に説明するとなると思いのほか難しいのが本問です。「床や地面のゴミをはいてまとめるもの、まとめたゴミを乗せてゴミ箱へ運ぶもの」、ここまで辞書のように簡潔に答える必要はありませんが、相手に伝わるように言葉で説明するには練習が必要です。日常生活のなかで、お子さまにいろいろ質問し、またお子さまからの質問にもきちんと回答できるようにして、会話をする機会を多く設けることが自然と試験対策にも結びつくことでしょう。

【おすすめ問題集】
Ｊｒ・ウォッチャー11「いろいろな仲間」、12「日常生活」、25「生活巧緻性」、30「生活習慣」

問題36　分野：数量

〈準 備〉　鉛筆

〈問 題〉　ウサギが持っている△と同じ数の△を持っている動物はどれでしょう。

〈時 間〉　15秒

〈解 答〉　ブタ

アドバイス

本問の内容を細かく分けると「それぞれの絵の△の数を数える」「比較し、正解を見つける」という作業に分けることができます。この２つの作業の中で、最初の「数を数える」作業で最もミスが発生しやすくなります。原因としては、「重複して数える」「数え忘れ」が挙げられます。これらのミスを防ぐ方法は２つあります。１つは数える順番（方向）を一定にすること。もう１つは数えたものに小さなチェックを入れることです。できれば、この２つの方法を併用すると、重複して数えることや数え忘れは減ります。ただし、後者の方法では、注意点があります。後者の場合、チェックした印を大きくつけてしまうと、解答記号を間違えたと判断される可能性があります。ですから、チェックは小さく端につけるようにしましょう。保護者の方がこのようなことにも意識を向けることで、お子さまの正答率は上がります。

【おすすめ問題集】
Ｊｒ・ウォッチャー14「数える」、36「同数発見」、41「数の構成」

問題37　分野：行動観察（積み木）

〈準 備〉　積み木

〈問 題〉　６つの積み木をなるべく高くなるように積みましょう。

〈時 間〉　１分

〈解 答〉　省略

アドバイス

単純な内容に思えて、意外と奥の深い問題です。高く積み上げるには、縦横の辺を見比べて、どこが長いのかまず比較する必要があります。一方、高く積み上げようとすると、どうしても不安定になります。１分という限られた時間の中でこれを両立させるのは思いのほか難しいといえるでしょう。積み木の中には円筒形のものも含まれています。これを土台として使うか、一番上に置くことを試みるか、普段から積み木遊びをしているお子さまであれば、後者を選択してみるのも一計と言えるかもしれません。本問のような問題も数年おきに出題されています。ご自宅の積み木を利用し、ぜひ楽しみなら学習してみましょう。

【おすすめ問題集】
Ｊｒ・ウォッチャー16「積み木」、53「四方の観察（積木編）」

問題38　分野：図形

〈準 備〉　絵のような模様のついた紙

〈問 題〉　同じ模様の円ができるように２枚の紙をつなぎましょう。

〈時 間〉　各30秒

〈解 答〉　下図参照

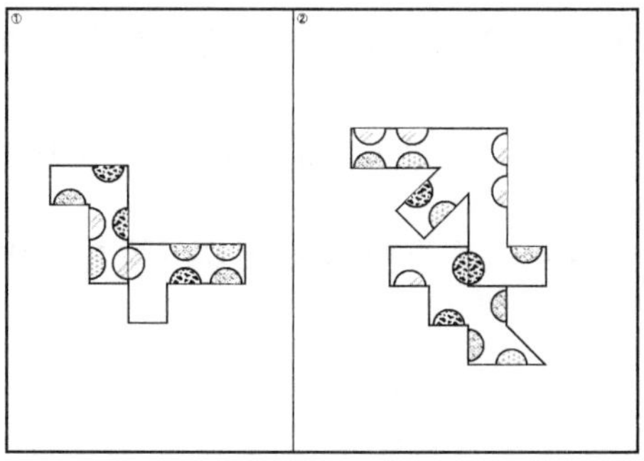

アドバイス

実際の考査では、色のついた黒、赤、青、黄色と、色のついた円が描かれていました。この問題は時間をかけてあれこれ試していればいずれは解ける内容です。ですから本問は、各30秒という限られた時間の中で正解を導き出すことがポイントといえるでしょう。そのためには、なんといっても同種の問題を数多く解くことです。たくさんの問題に接することで、こうした問題を解くための図形の構成のセオリーが自然と身につくでしょう。なお、試験会場ではすぐに諦めてしまうお子さまもいたようです。粘り強く課題に取り組む姿勢も観られているようですので、この点にも注意してください。

【おすすめ問題集】
Ｊｒ・ウォッチャー３「パズル」、９「合成」、45「図形分割」、54「図形の構成」

問題39　分野：行動観察

〈準 備〉　ビニールテープ

〈問 題〉　１チーム４～５人のチームに分かれてジャンケンゲームをします。
①チームで話し合い、動物の名前のチーム名と並ぶ順番を決めます。
②足元のラインからスタートし、相手チームの方向にジャンプしながら進みます。
③相手と出会ったらジャンケンをします。
④勝った方はそのままジャンケンで前に進みます。負けた方は自分のチームの一番後ろに並びます。
⑤負けたチームは次の人がジャンプをしながら前に進み、相手と出会ったらジャンケンをします。
⑥これを繰り返して、相手チームのラインを越えた方が勝ちです。

〈時 間〉　適宜

〈解 答〉　省略

アドバイス

グループでの行動観察ではそれぞれのお子さまの社会性や協調性の有無が観られています。はじめてのお友だちとでも積極的に関わり、仲良く行動することが重要になります。そのためには日常的にお友だちと遊ぶ機会を作り、長い時間でも集中して遊べるようにしていきましょう。本問は、ジャンケンを取り入れたゲームで、勝ち負けも分かりやすいため、いやが上にも盛り上がります。お子さまにとって、こうしたゲームで、はしゃいでしまうのは「子どもらしい」側面がある一方、試験である以上、はめをはずしすぎるのもよくありません。この点に注意し、同じチーム内を自然ととりまとめられるようなリーダーシップが発揮できるようであれば言うことはありません。

【おすすめ問題集】
Ｊｒ・ウォッチャー28「運動」、29「行動観察」、56「マナーとルール」

問題40　分野：運動

〈準備〉　縄跳び用の縄

〈問題〉　この問題の絵はありません。
先生が「やめ」と言うまで縄を使って前跳びをしてください。

〈時間〉　適宜

〈解答〉　省略

学習のポイント

瞑想や箸使い同様、毎年出題されている試験です。連続で何十回も跳べる必要はありませんが、ある程度の回数は引っかからずに跳べるよう、練習しておきましょう。合図があるまでは跳び続けないといけないので、集中力も必要になります。1、2分間は黙々と取り組めることが望ましいです。練習する際は、ぜひ本問と同じお子さまに時間を伝えない形式でやることをおすすめいたします。集中が早めに切れてしまうお子さまには、「○○回跳んでみよう」と回数に意識を向けさせ、時間の経過を気にさせないという方法もあります。縄跳びは一朝一夕にできるものではありません。日頃から、継続して練習することで跳べる回数は増えます。事前にどれだけ練習をして準備してきたのか、その努力量がお子さまの様子から推測できます。

【おすすめ問題集】
新運動テスト問題集、Ｊｒ・ウォッチャー28「運動」

2023年度の入試問題

問題41　分野：行動観察

〈準備〉　なし

〈問題〉　この問題の絵はありません。
目を閉じて椅子に座ってください。先生が「よい」と言うまで目を閉じて動かないでください。

〈時間〉　1分

〈解答〉　省略

アドバイス

瞑想は、毎年出題されている試験です。お子さまがしっかりと指示を聞き、落ち着いた態度をとれているかが、評価に繋がります。瞑想ができない場合は大きな減点になります。当校は、毎日朝の授業前と下校前に瞑想の時間を設けています。背筋を伸ばして、手を膝の上に置き、脚を揃えたよい姿勢で瞑想をします。入学後も必要な習慣ですので、試験のために練習するのではなく、瞑想の本来の目的である「気持ちを落ち着け、気分を切り替える」ことを意識して取り組むようにしましょう。もし、お子さまが集中して取り組めていない場合は、保護者の方も一緒に瞑想をしてあげてください。周囲の様子は気にせず、自分自身に集中している姿をお手本として見せることが大切です。また、瞑想を家庭学習前のルーティンにすることもおすすめです。瞑想の試験対策にもなり、これから始まる学習に気持ちを向けることができます。習慣にすることで、お子さまも徐々に抵抗がなくなり、自然と取り組めるようになります。

【おすすめ問題集】
新口頭試問・個別テスト問題集

問題42　分野：口頭試問

〈準備〉　なし

〈問題〉　**この問題の絵はありません。**

（面接の前に、志願者と保護者で「福笑い」をする）

【志願者へ】

・「福笑い」は楽しかったですか。難しかったことはありますか。
・お勉強はしてきましたか。どんな勉強をしてきましたか。
・今日はここまでどうやって来ましたか。
・今日の朝ご飯、昼ご飯は何でしたか。
・仲の良いお友達の名前を教えてください。

【保護者へ】

・「福笑い」をしたように、子どもと遊ぶことはありますか。
・父と母の役割はありますか。
・子どもを叱ることと、褒めることのどちらがよいと思いますか。
・併願校はどこですか。（併願者にのみ質問）

【保護者アンケート】

・以下の場合、子ども、親、学校の誰に責任があると考えますか。
①下校中に寄り道をする
②宿題を忘れる
③お手伝いをしない
④朝、起きない
⑤お友だちと仲良くできない
⑥授業中に歩き回る
⑦学校に遅刻する
⑧食べ物の好き嫌いがある
⑨電車でのマナーが悪く、注意される
⑩先生が怖くて学校に行きたがらない
⑪授業についていけない
⑫親に口答えをする
⑬挨拶をしない
⑭お弁当を忘れて、昼食が食べられない
⑮言葉遣いが悪い
⑯学校からの手紙を親に出さない

〈時間〉　適宜

〈解答〉　省略

アドバイス

2021年度入試から、親子面接が実施されるようになりました。また、2023年度から、専願・併願ともにペーパーテストがなくなり、試験をすべて口頭試問で行う形式になりました。お子さまについては、質問されたことに対して、丁寧にはっきりと答えられるようにしておきましょう。また、態度や振る舞い、言葉遣い、挨拶も評価に関わります。「ありがとうございます」「おはようございます」「さようなら」「お願いします」などの言葉が、自然に出てくるよう、保護者の方が日頃から指導してあげてください。そして、面接で最も観られているのは親子の関係性です。保護者がどうサポートしているのか、志願者は保護者を頼っていないかなど、課題を通じて普段の様子が観られることになります。親子間のコミュニケーションをしっかりとっておきましょう。

【おすすめ問題集】
新 小学校受験の入試面接Q＆A、面接テスト問題集、面接最強マニュアル

問題43 分野：数量（数える）／口頭試問

〈準 備〉 鉛筆

〈問 題〉 お皿にドーナツがあります。男の子がいくつか食べました。食べた後のお皿を下の四角から選んで○をつけてください。どうしてそのお皿だと思ったのかも教えてください。

〈時 間〉 30秒

〈解 答〉 ○：真ん中
理由の例：もともと、お皿に３個ドーナツがあり、食べたなら数が少なくなるからです。

アドバイス

本問のポイントは、理由の説明の仕方です。「正解を導くまでの過程が正しいか」「丁寧な言葉遣いで説明できているか」この２点を観られています。説明することに慣れるために、保護者の方は、日頃から、お子さまが理由を述べる機会をたくさん用意してあげましょう。「夜になったらカーテンを閉めるのはどうしてだと思う？」「外から帰って来たら手洗いうがいをするのは何でかな？」など、何気なくしている動作１つひとつに、きちんと理由があることを改めて確認させてあげましょう。このときのポイントは、お子さまが自発的に取った行動に対して、なぜそうしたのか尋ねることです。保護者の方が取った行動についてではなく、お子さまが自分で考えて、実行したことに対して質問をしましょう。それによって、お子さまは自身の取った行動の理由を改めて確認でき、言語化しようとします。これを繰り返すことで、説明する力は養われます。

【おすすめ問題集】
Ｊｒ・ウォッチャー14「数える」

問題44　分野：行動観察

〈準 備〉　コップ、ストロー

〈問 題〉　**この問題の絵はありません。**
机の上に10本のストローがあります。その中から２本をコップに入れてください。

〈時 間〉　30秒

〈解 答〉　省略

アドバイス

難易度は高くない問題のため、指示通りに作業できるお子さまは多いでしょう。本問では、作業の正確さの他に、指示に対する返事も重要です。「～してください」と言われたら「はい」と返事をする。作業が終わったら「できました」と完了したことを報告する。返事をしないと、指示した人は「聞こえていなかったのかな」「作業は終わったのかな」と心配や勘違いをしてしまうかもしれません。なにより、相手が自分に話しかけているのにきちんと反応しないことは失礼にあたります。口頭試問は、作業だけでなく、コミュニケーション力や態度も観られていることを意識しましょう。

【おすすめ問題集】
新口頭試問・個別テスト問題集

問題45　分野：言語（言葉の音）／口頭試問

〈準 備〉　中身の見えない箱、セロテープ、毛糸、保冷剤、ざらざらの紙

〈問 題〉　**この問題は絵を参考にしてください。**
（箱の中に準備した物のうち１つを入れておく）
箱の中に手を入れて、中にある物の感触を答えてください。

〈時 間〉　30秒

〈解 答〉　省略

アドバイス

箱の中に入っているものと、自分が想像したものが違っていても問題ありません。このような問題では、「感触をオノマトペで表現できるか」「丁寧な言葉遣いで回答できるか」がポイントになります。セロテープならベタベタ、毛糸ならフワフワ、保冷剤（常温の場合）ならグニュグニュなど、感触を表現する言葉を広く知っている必要があります。このような表現力を養うには、普段からの読み聞かせはもちろんのこと、生活体験を通した学習が欠かせません。昨今、コロナ禍の影響により、生活体験を積むことが難しくなっています。普段の生活の中で、遊びやお手伝いを通して得ることができる学びの機会を逃さないよう、意識をしておくとよいでしょう。また、上述したように、あくまで試験であるということを忘れないようにしましょう。試験官の先生は、友達ではありません。適切な言葉を使い、受け答えができるよう、練習しておきましょう。

【おすすめ問題集】
Ｊｒ・ウォッチャー60「言葉の音（おん）」

問題46　分野：行動観察

〈準備〉　チャック付きのカバン、本、水筒、弁当箱

〈問題〉　この問題の絵はありません。
机の上に置いてあるものをカバンの中に入れてチャックを閉めなさい。

〈時間〉　１分

〈解答〉　省略

アドバイス

お片付けをすることに慣れているかが、この問題でわかります。形の異なる物をどのように工夫して入れているか、それぞれの物に合った適切な入れ方をしているかを保護者の方はチェックしてあげてください。例えば、水筒を横にして入れると、転がって安定しませんし、中身が漏れる可能性があります。それぞれの物の適切な扱い方を確認しておきましょう。また、「カバンのチャックを閉める」という指示があるため、できるだけカバンの中に余計な隙間を作らない必要があります。時間制限もありますから、慌てず、丁寧に取り組むことが大切です。日頃からお片づけをしていると、このような問題にも対処できますので、試験のためではなく、生活に必要な習慣として身に付けましょう。

【おすすめ問題集】
新口頭試問・個別テスト問題集

問題47　分野：図形（系列）／行動観察

〈準備〉　鉛筆

〈問題〉　白い四角に入る模様は何ですか。右の四角から○をつけてください。

〈時間〉　１分

〈解答〉　下図参照

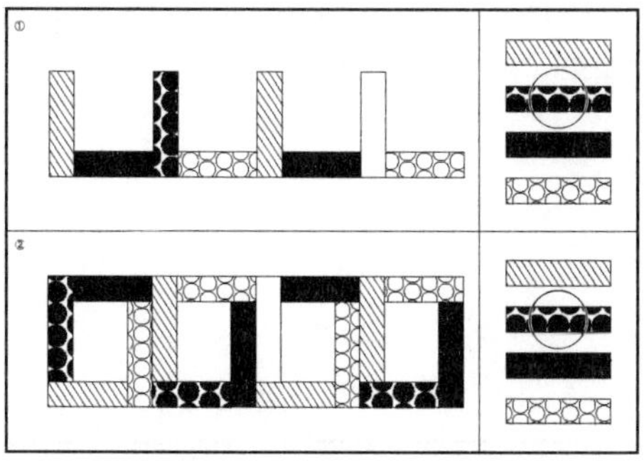

アドバイス

図形の模様をよく見ると、規則に従って並んでいます。このような問題は解き方が２つあります。１つ目は、図形をパーツに分解して、部分を見る方法です。①では四角を２つずつの４つのグループにわけて考えます。L字の図形を４つ作り、白い四角と同じグループのもう１つの四角の模様を見ます。模様は白ドットなので、残りの３グループの中から白ドットの四角を探し、それと同じグループのもう１つの四角の模様が、白い四角に対応する模様になります。２つ目は、図形を分解せず、模様の数で考える方法です。②では四角が全部で16個あり、分解するとかえってやりにくくなります。そこで、同じ模様の四角が何個ずつあるかを数えていきます。黒色、白ドット、斜線模様の図形は４つずつありますが、黒ドット模様の四角は３つしかないので、答えだとわかります。ただし、この方法は、同じ模様の四角がそれぞれ同じ数だけあるときに有効な解き方です。問題によって、規則性が異なりますので、それぞれに適した解き方で取り組めるよう、練習しましょう。

【おすすめ問題集】
　Ｊｒ・ウォッチャー６「系列」

問題48　分野：口頭試問

〈準備〉　なし

〈問題〉　【お話づくり】
（問題48-１の絵を渡す）
絵を見てお話を作ってください。
（問題48-２の絵を渡す）
男の子が学校の前に来ると、同じクラスの女の子のお母さんがいました。お母さんは女の子の忘れ物を届けに来たそうです。男の子は何と言いましたか。（お子さまが答えたら）なぜ、そう言ったと思ったのですか。

〈時間〉　各３分

〈解答〉　省略

アドバイス

①はスケートボードに乗っている男の子が、写真撮影を邪魔している場面です。お話作りでは、その場面で描かれている事実と、登場人物の気持ちが述べられるのがベストです。状況の説明と登場人物の心情が語られる絵本や小説と同じように、自分が作家になったつもりで、想像力を働かせてお話を作りましょう。②も同様に、場面の状況を理解することと、登場人物の気持ちを推測することから始めます。絵を見ると、お母さんの表情が大変そうです。雨の中、小さい子どもを抱いて、忘れ物を届けに来たからだと推測できます。このように、大変だったり、困っている人を見かけたときは、手伝ってあげる気持ちが欲しいです。「私が変わりに荷物を届けましょうか」と一声かけるだけで、お母さんはとても嬉しい気持ちになるでしょう。保護者の方は、お子さまに、相手の立場になって物事を考える機会を与えてあげるようにしましょう。

【おすすめ問題集】
Ｊｒ・ウォッチャー21「お話作り」

問題49　分野：行動観察

〈準備〉　輪を作る縄、紙コップ数個、箸、カゴ

〈問題〉　この問題は絵を参考にしてください。
輪の中に置いてある紙コップをカゴまで運びます。輪からカゴまでチームで１列に並び、隣の子に紙コップを渡していきます。紙コップは箸で掴んで渡します。手で直接触ってはいけません。時間内に１番多くの紙コップをカゴの中に入れたチームの勝ちです。
※並ぶ順番はチーム全員で話し合って決める。

〈時間〉　適宜

〈解答〉　省略

アドバイス

小豆をつまむ試験同様、箸使いに慣れていることや、正しい持ち方ができていることは必須です。本問では、小豆よりつまみやすい紙コップを使いますが、チーム戦になるので、チームのお友だちとコミュニケーションを取り、協力して作業することが求められます。チーム戦ですが、勝負を意識し過ぎることはよくありません。同じチームに、お箸を使うのが苦手なお友だちがいても、焦らず、ポジティブな声かけができるようにしましょう。また、ゲームに集中し過ぎて、お箸を危険に扱わないように気をつけましょう。お箸を振り回したり、人をお箸で指したりする行為は、危険かつ失礼な振る舞いにあたります。安全で丁寧な箸使いにも気を配りましょう。勝ち負けではなく、チームでよい雰囲気が作れているか、難しくても、諦めず最後まで取り組めているかを評価されています。

【おすすめ問題集】
実践　ゆびさきトレーニング①・②・③

問題50　分野：絵制作

〈準 備〉　クーピーペン

〈問 題〉　（問題50－１の絵を渡す）
上の四角に描かれてあるクジラを、黒色のクーピーで同じように描いてください。
（問題50－２の絵を渡す）
クジラに好きな色を塗ってください。

〈時 間〉　適宜

〈解 答〉　省略

学習のポイント

模写は正確さを意識して取り組みましょう。出題されるお手本の絵は、そこまで複雑ではありません。線の本数は合っているか、細かい部分も描けているか、余計なものは付け足していないか、お子さまの絵をチェックしてあげてください。丁寧に描きすぎて、時間がかかりすぎてしまうことにも注意してください。塗り絵では、子どもらしい、自由でのびのびとした色使いをしましょう。本物のクジラと同じ色に塗る必要はありません。正しい配色よりも、お子さま自身が楽しい配色をした絵からは、その子の個性や作業をしているときの気分が表現されます。

【おすすめ問題集】
Ｊｒ・ウォッチャー22「想像画」、24「絵画」

2025年度　関西学院・雲雀丘学園　過去　無断複製／転載を禁ずる

日本学習図書株式会社

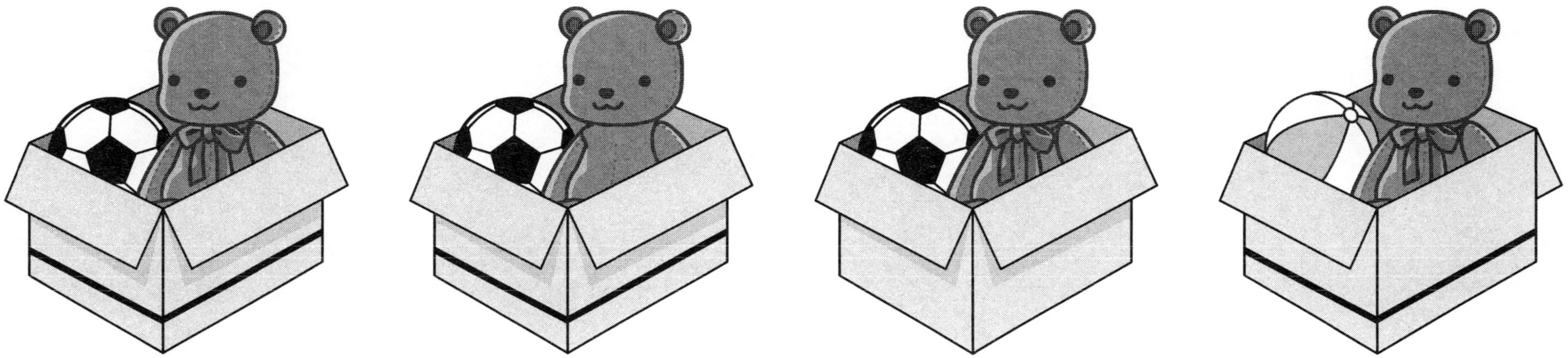

2025年度　関西学院・雲雀丘学園　過去　無断複製／転載を禁ずる　　　　日本学習図書株式会社

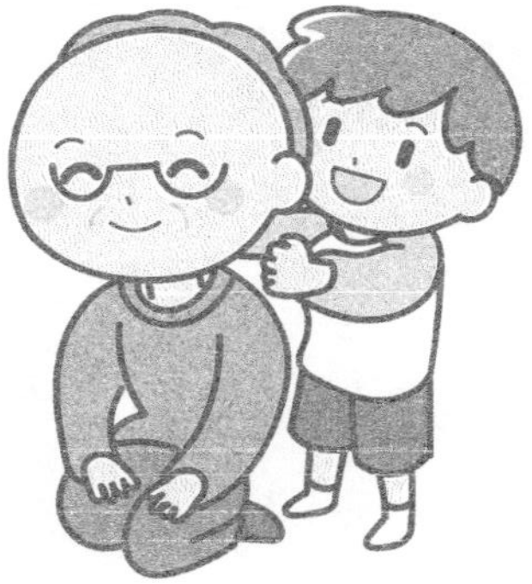

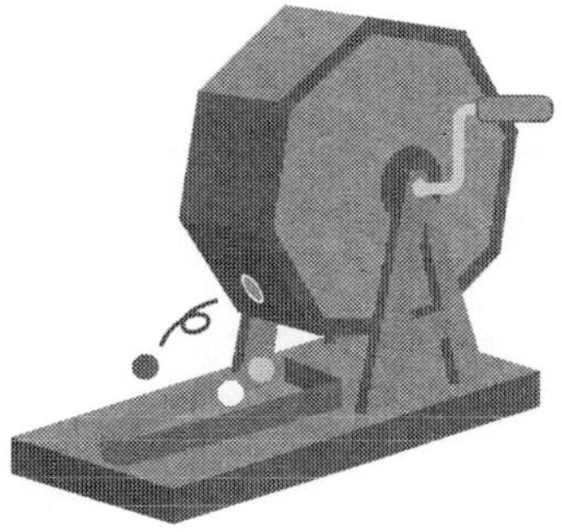

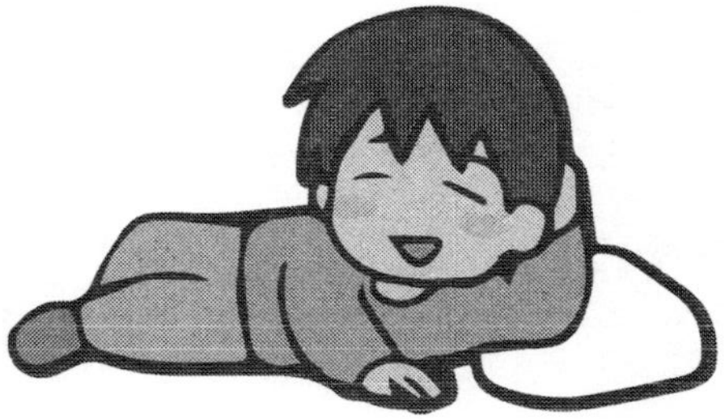

問題3

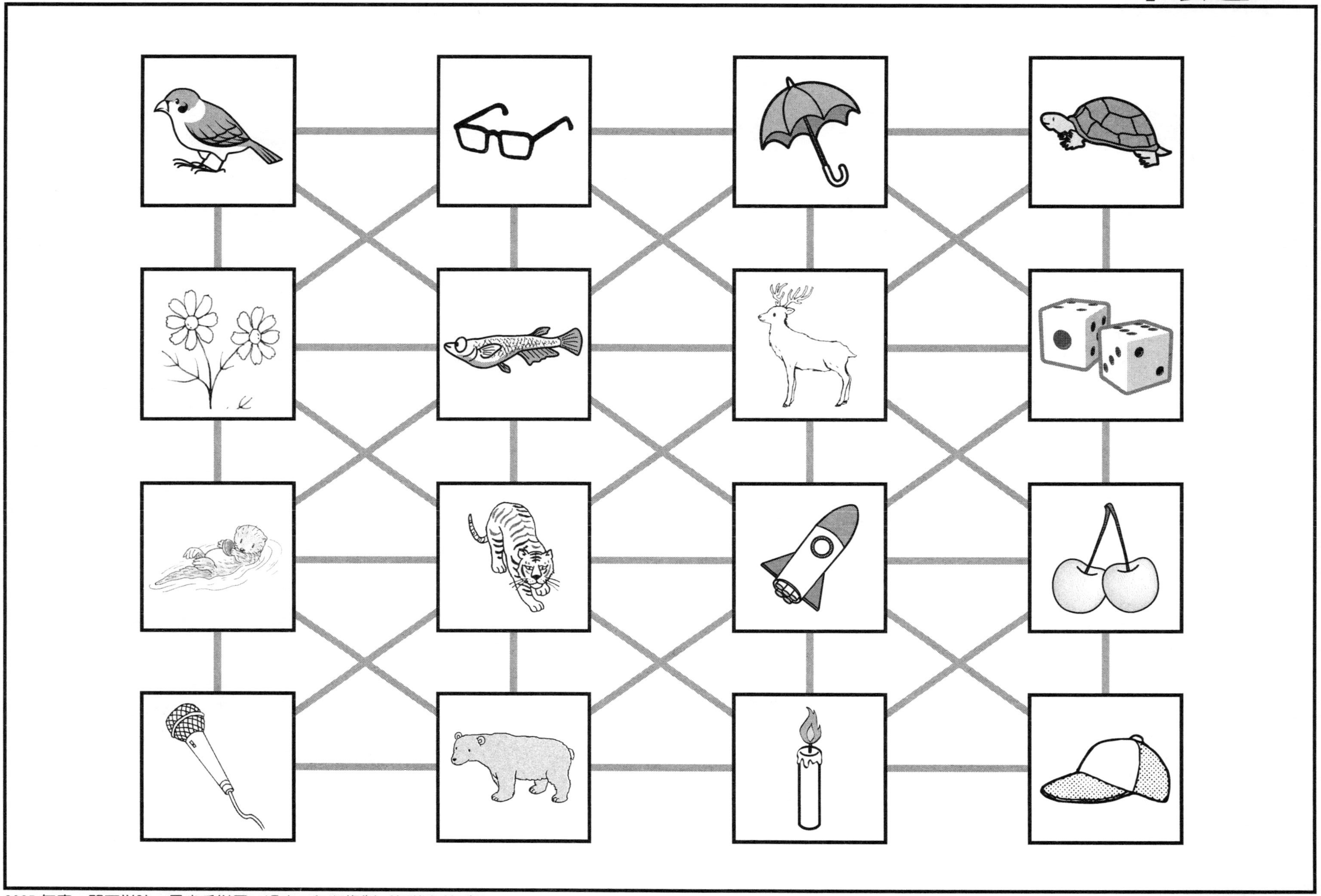

2025 年度　関西学院・雲雀丘学園　過去　無断複製／転載を禁ずる　　日本学習図書株式会社

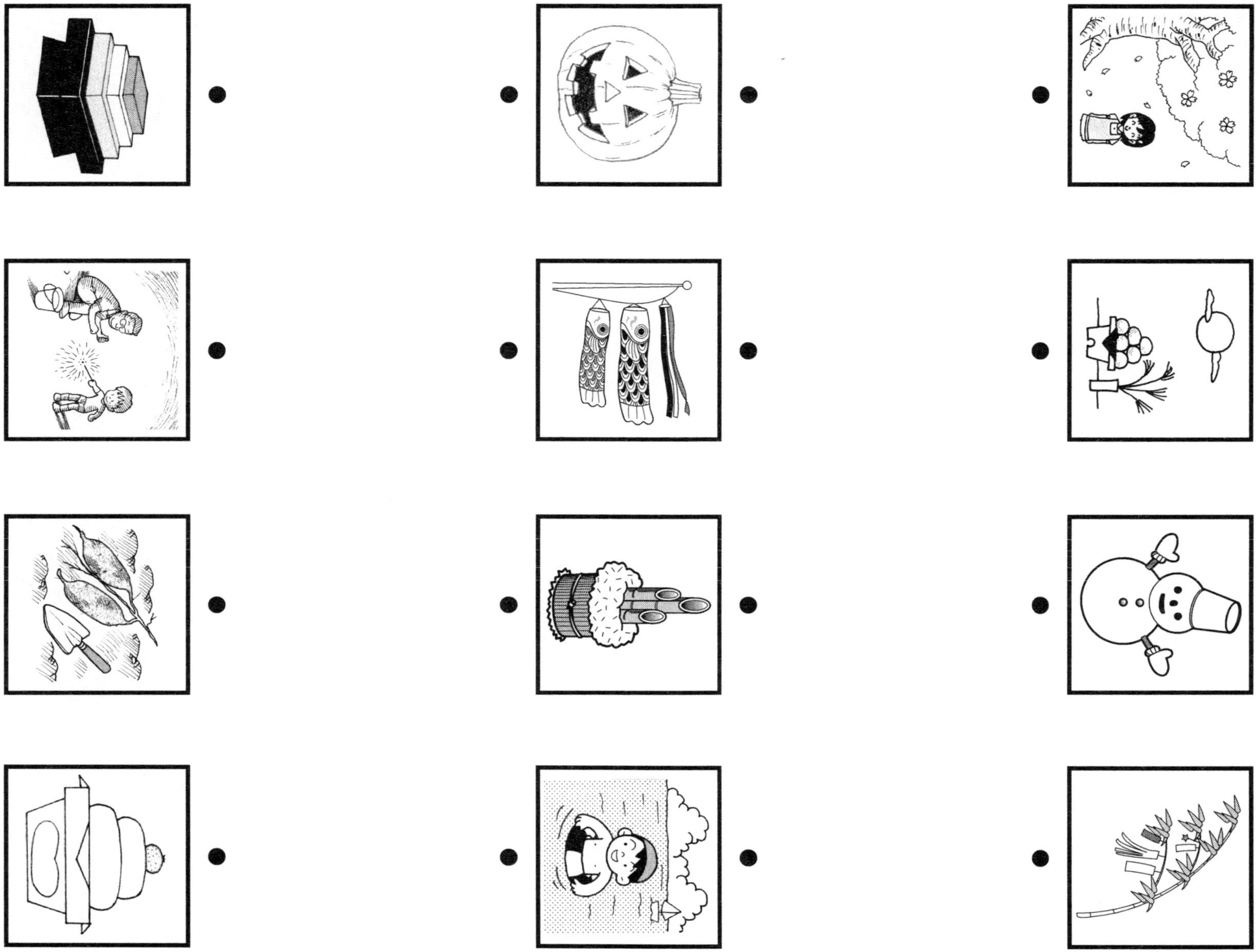

日本学習図書株式会社

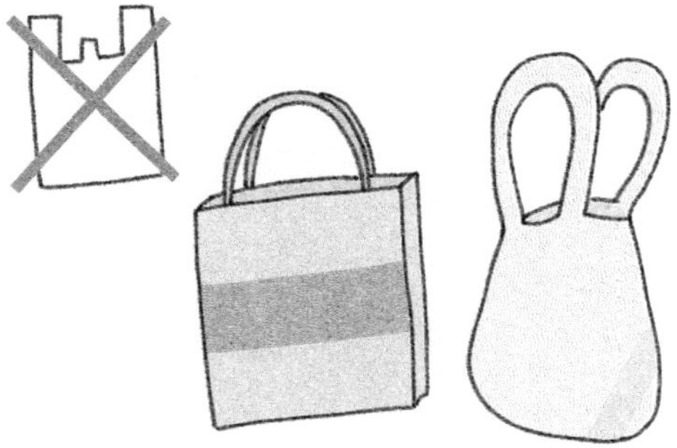

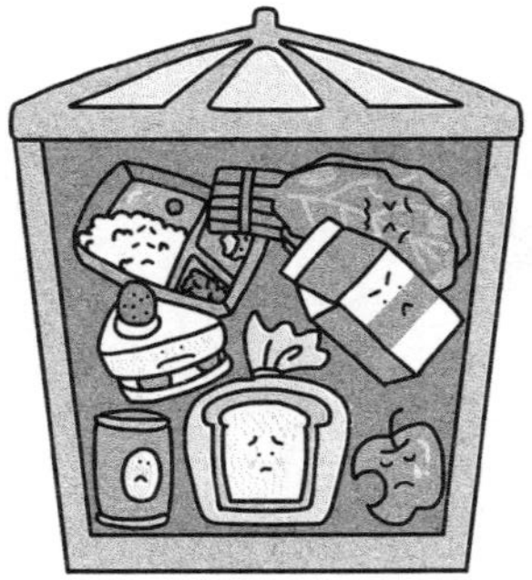

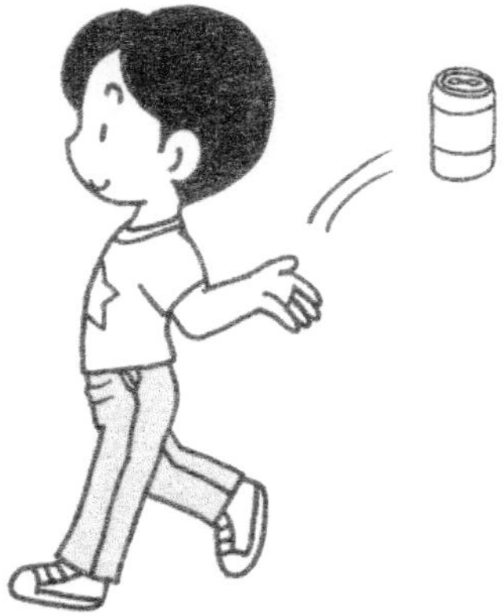

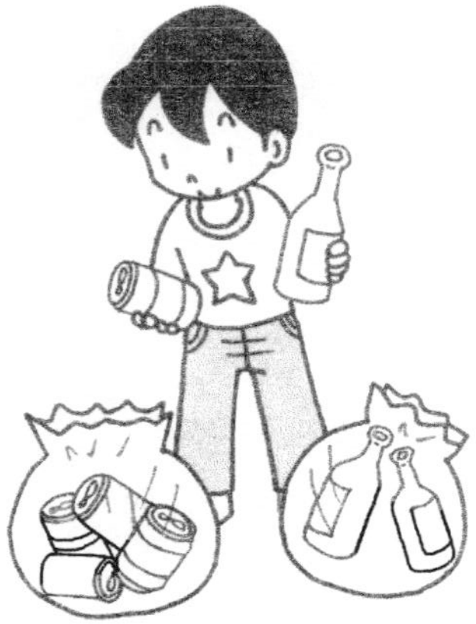

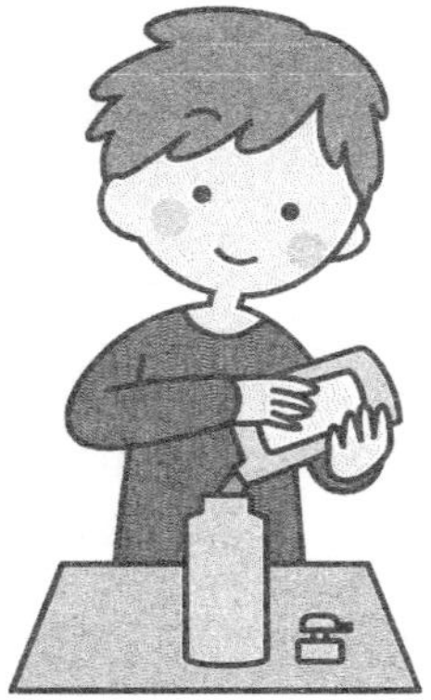

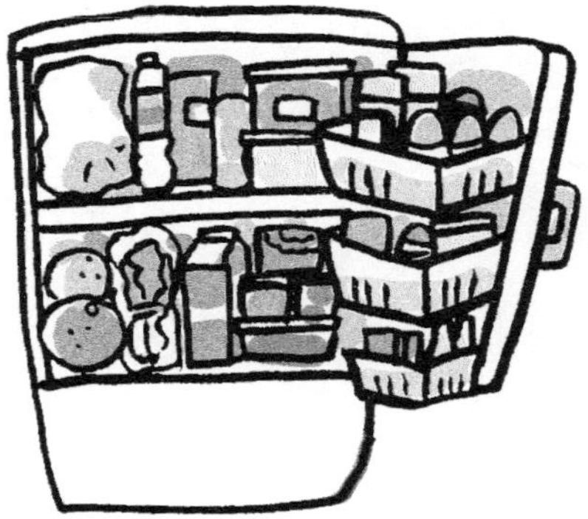

問題6

①

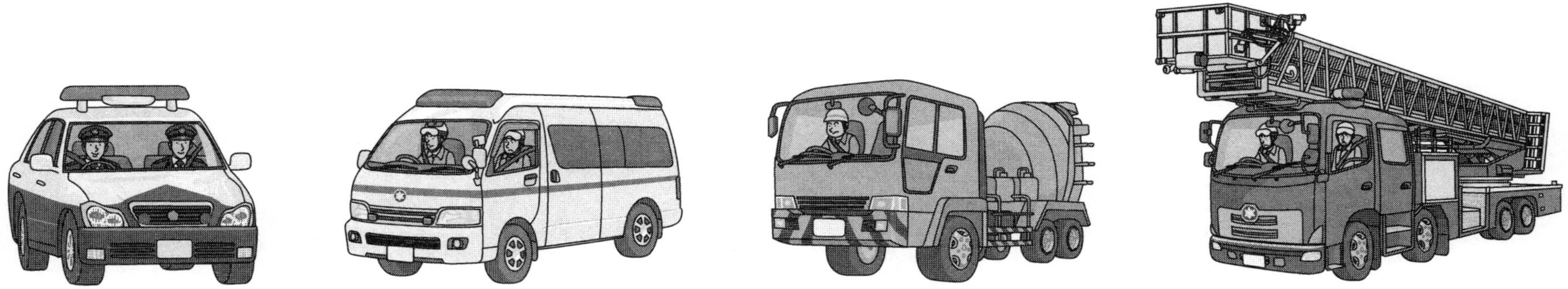

②

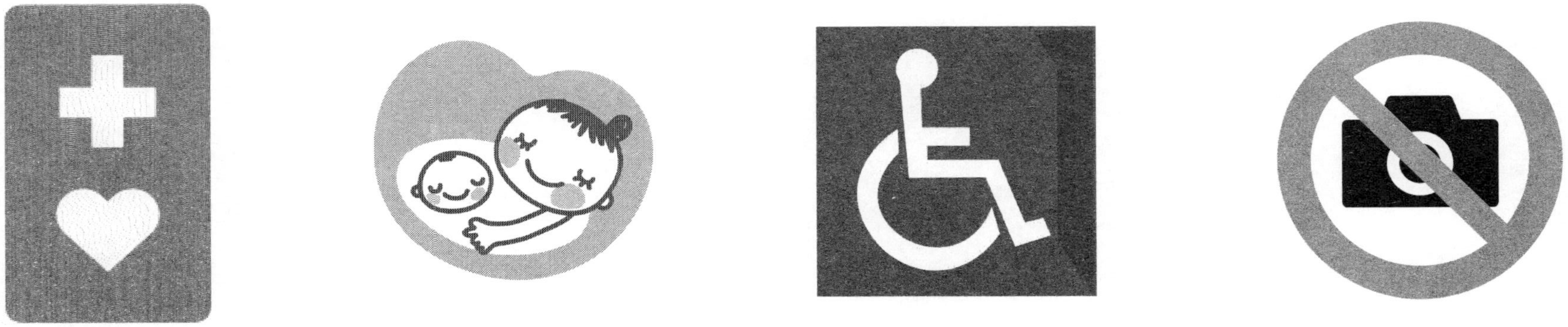

2025年度　関西学院・雲雀丘学園　過去　無断複製／転載を禁ずる　　日本学習図書株式会社

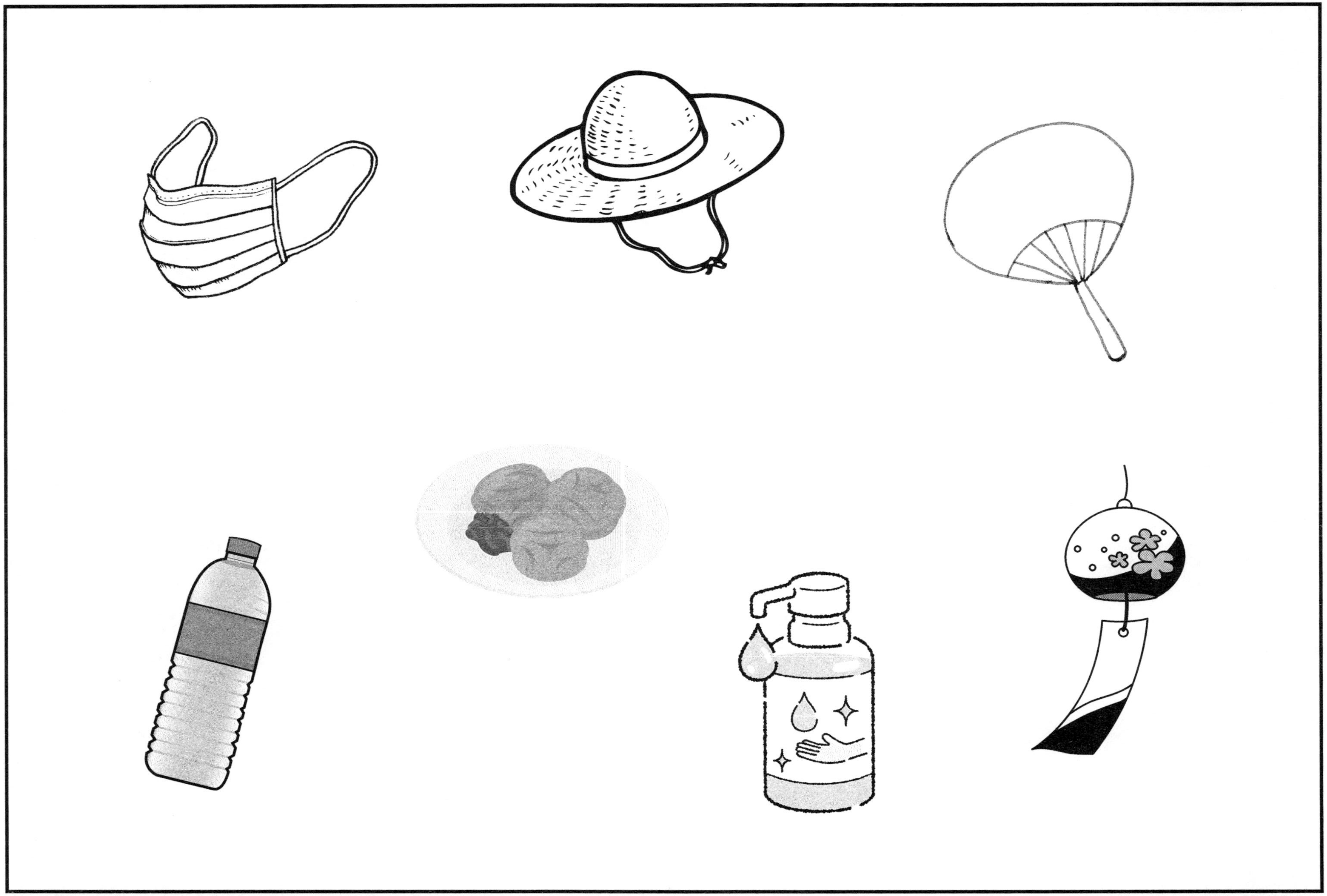

問題8

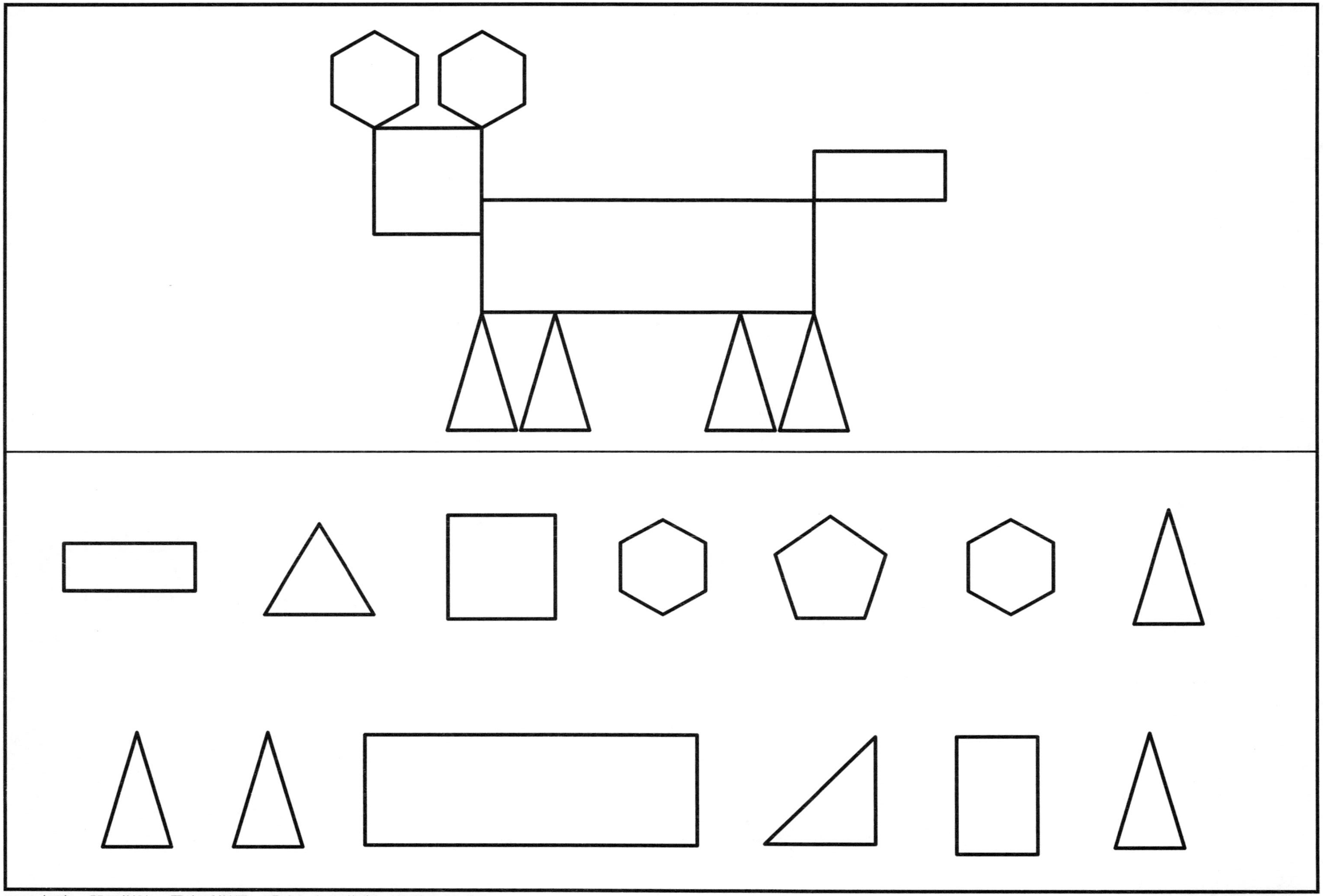

無断複製／転載を禁ずる

日本学習図書株式会社

2025 年度　関西学院・雲雀丘学園　過去　無断複製／転載を禁ずる　日本学習図書株式会社

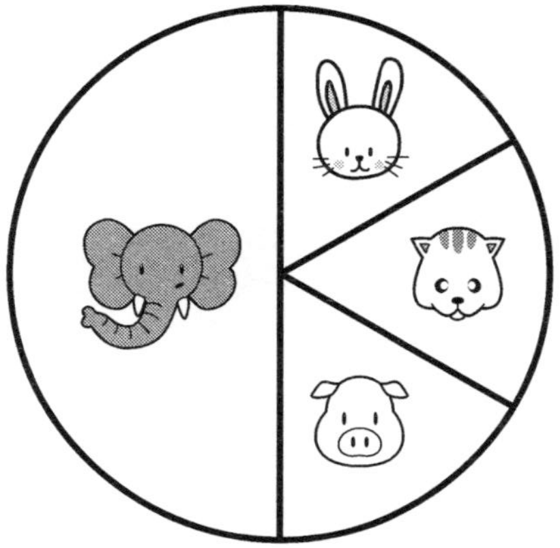

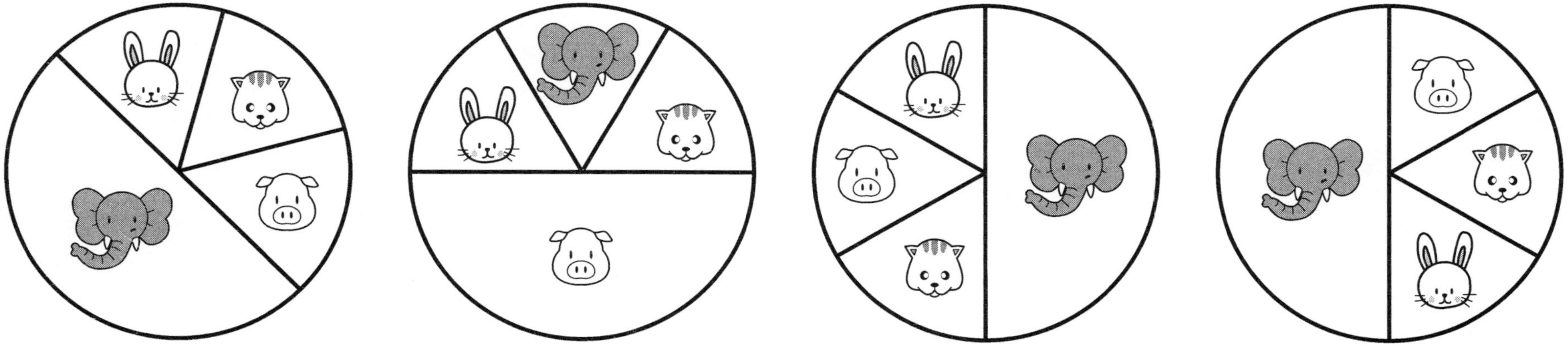

日本学習図書株式会社

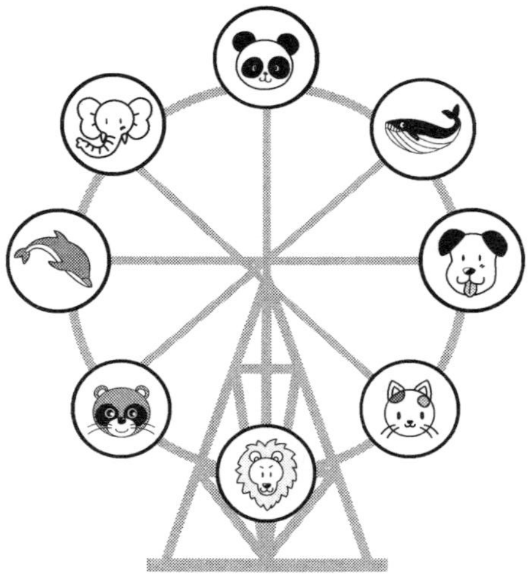

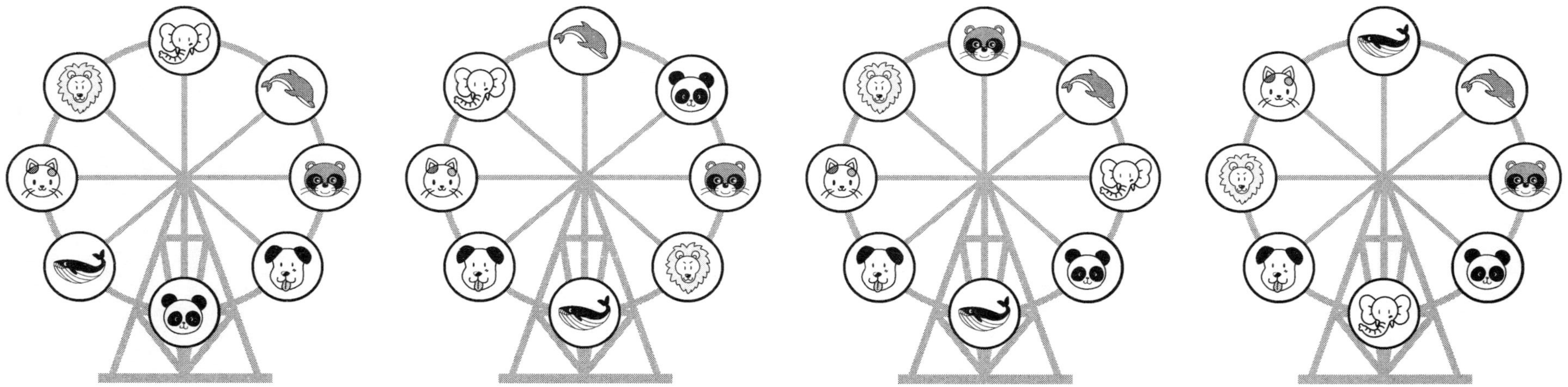

2025年度　関西学院・雲雀丘学園　過去　無断複製／転載を禁ずる　　　　日本学習図書株式会社

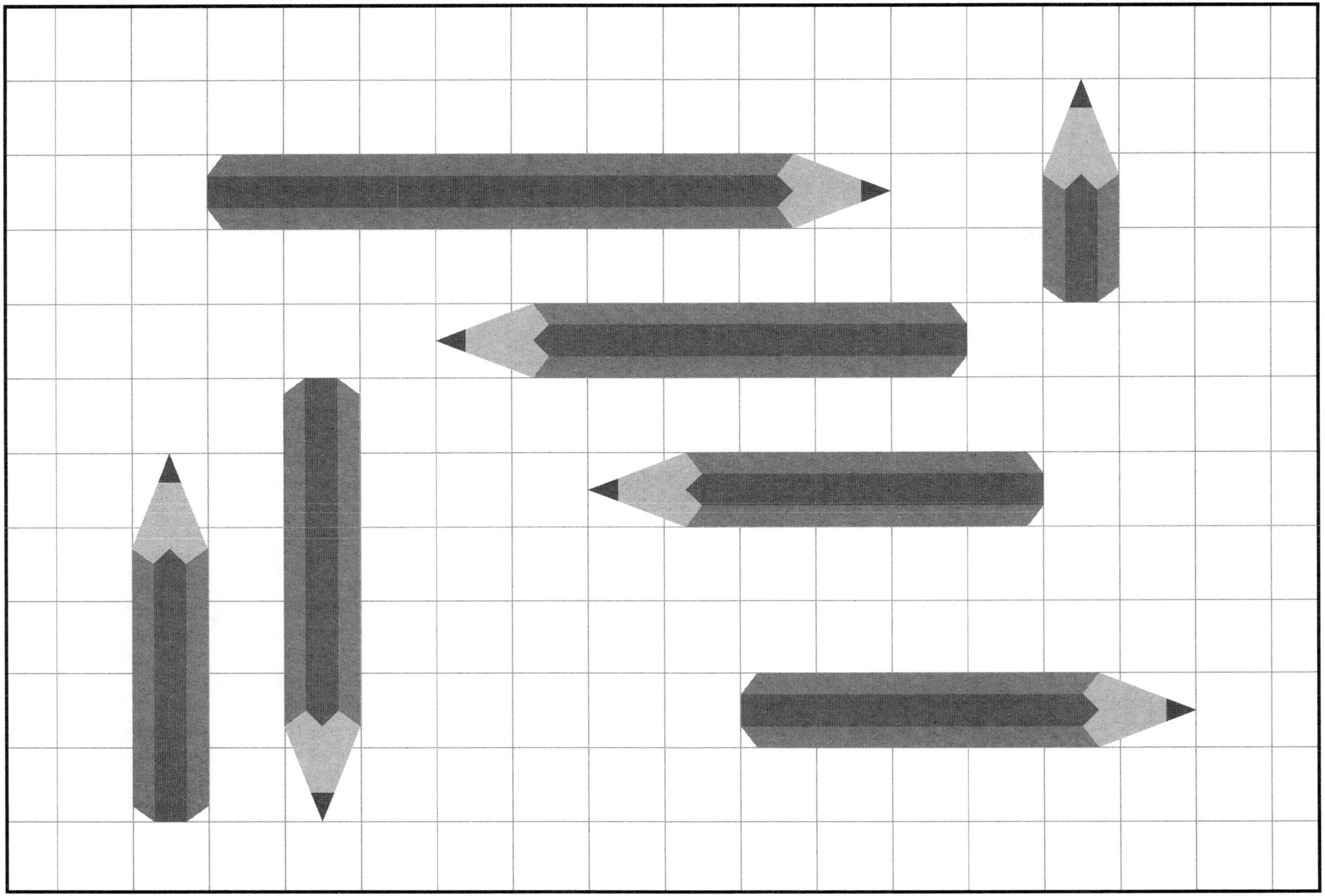

問題12

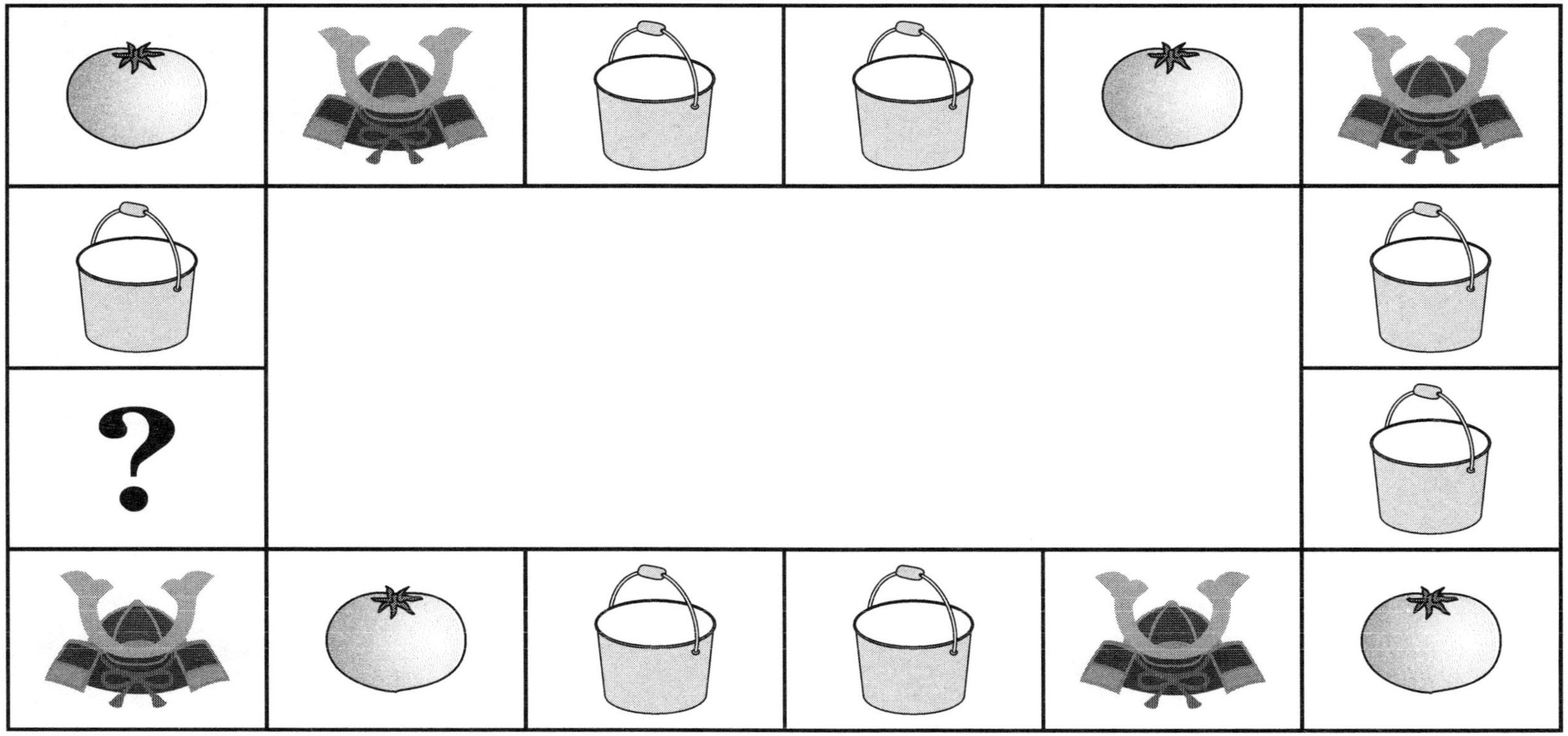

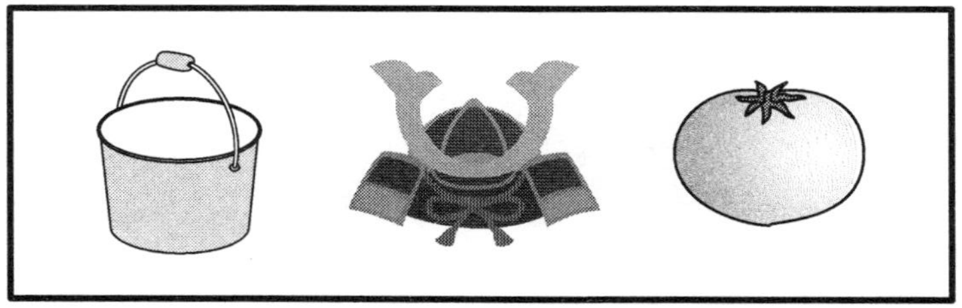

2025 年度　関西学院・雲雀丘学園　過去　無断複製／転載を禁ずる　　日本学習図書株式会社

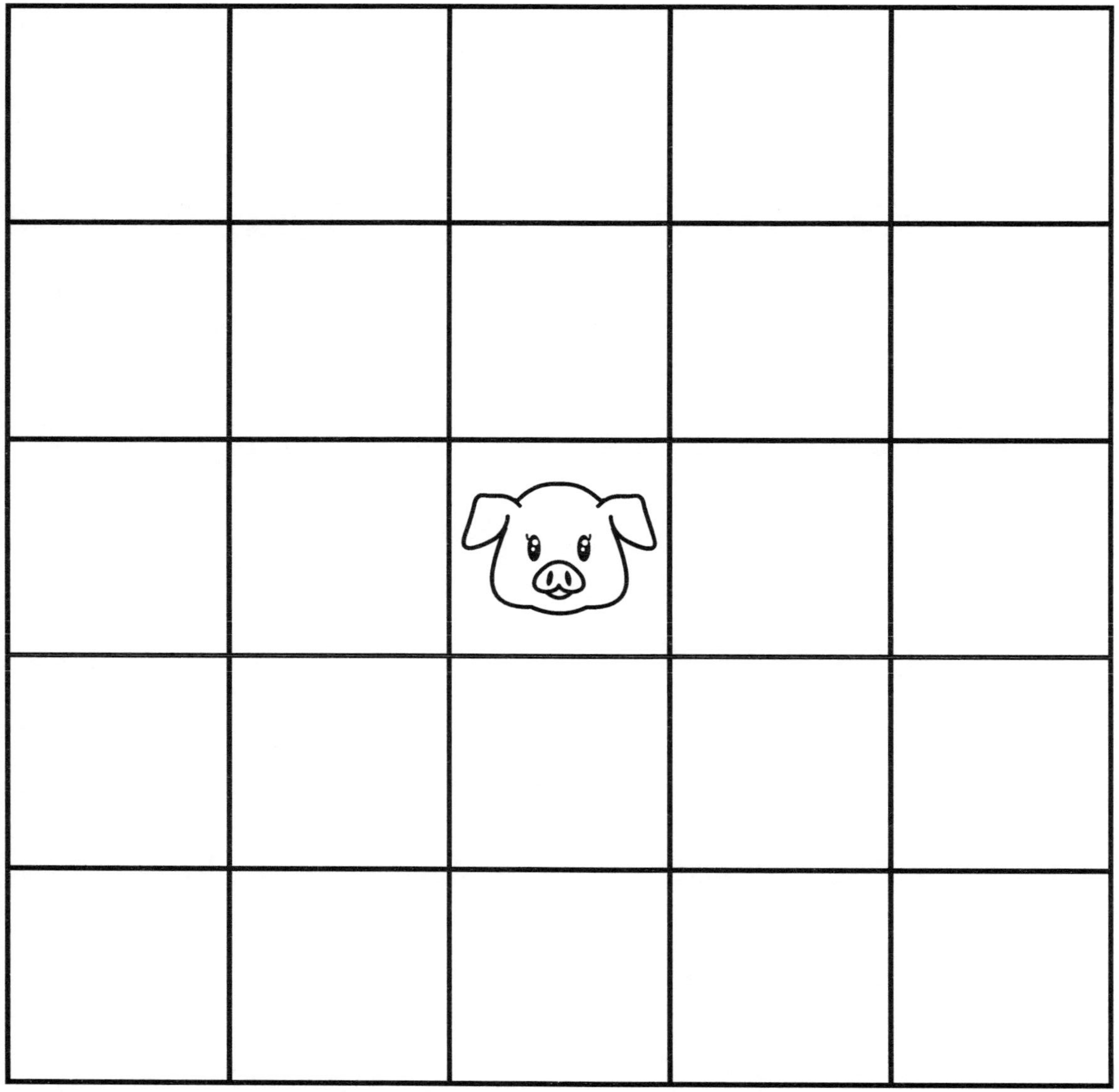

日本学習図書株式会社

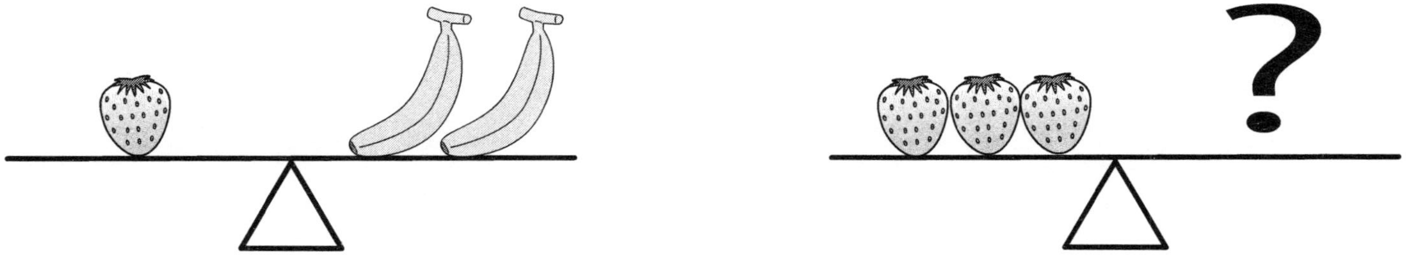

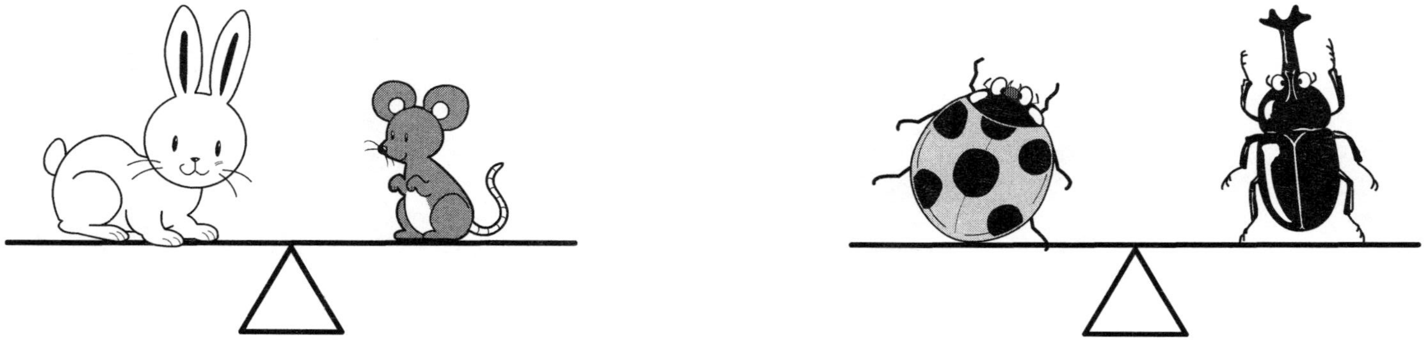

問題16

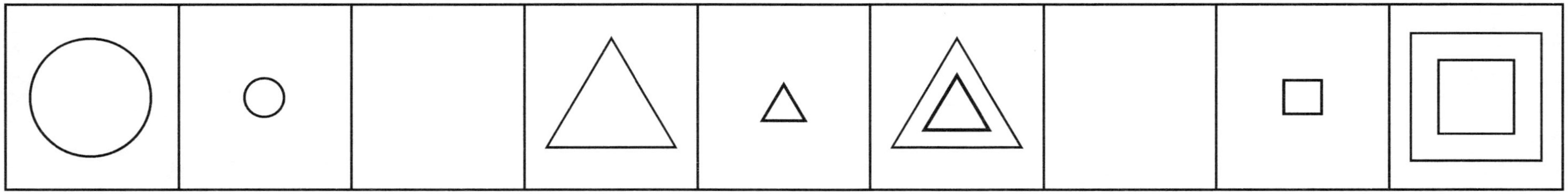

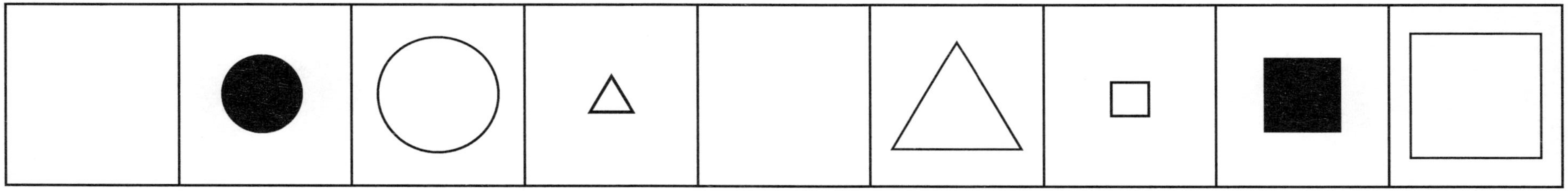

→ ×

 → △

 → ○

↑

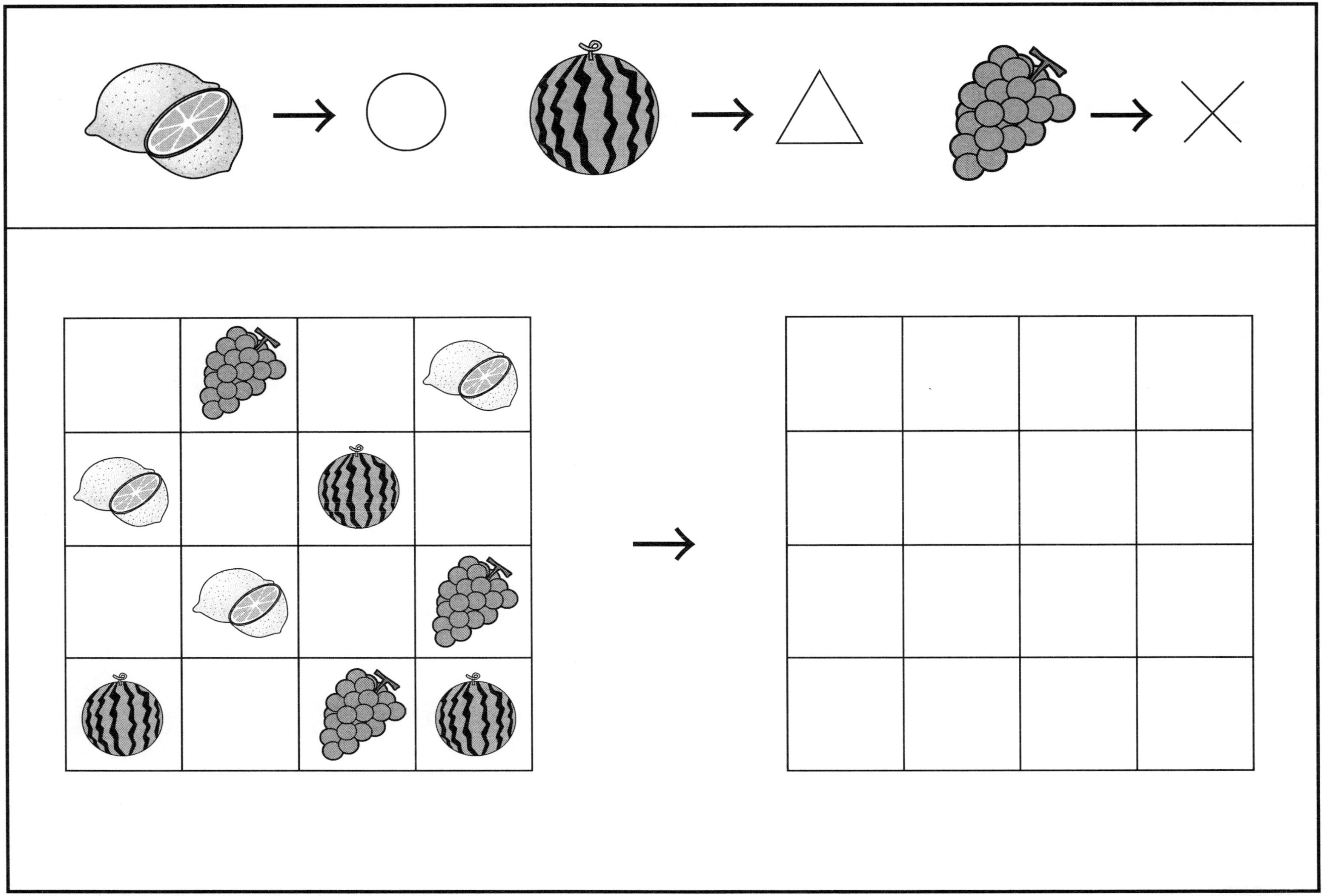

問題18

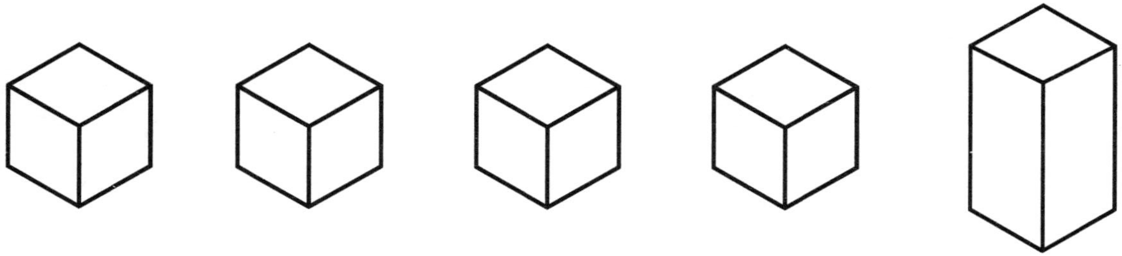

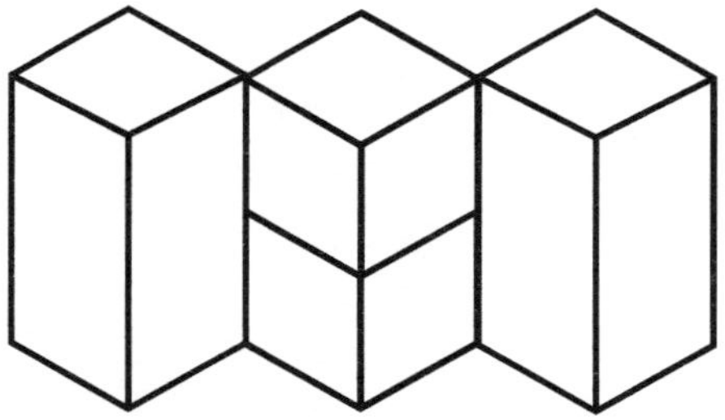

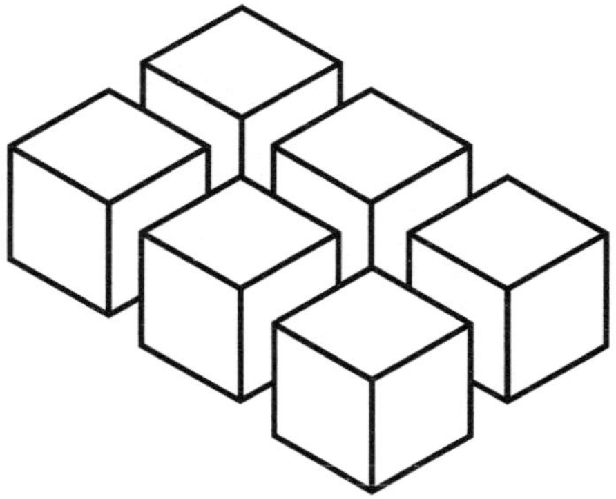

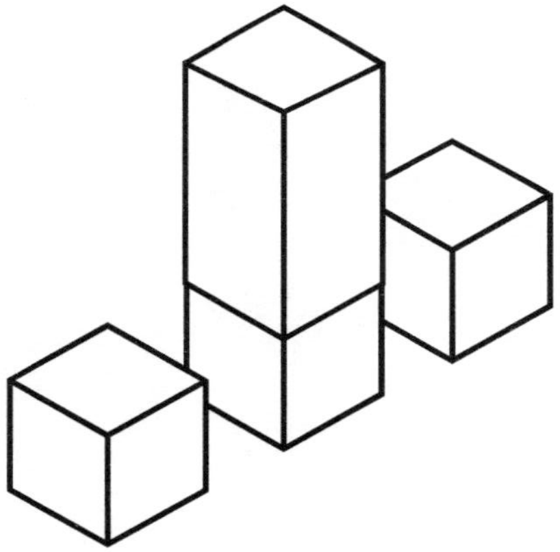

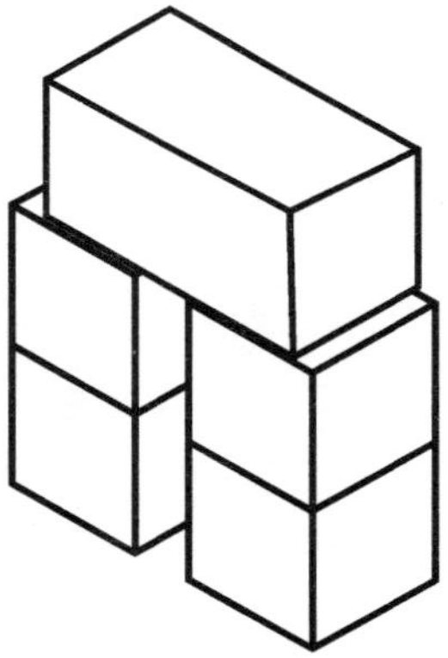

無断複製／転載を禁ずる

日本学習図書株式会社

2025 年度　関西学院・雲雀丘学園　過去　無断複製／転載を禁ずる　　日本学習図書株式会社

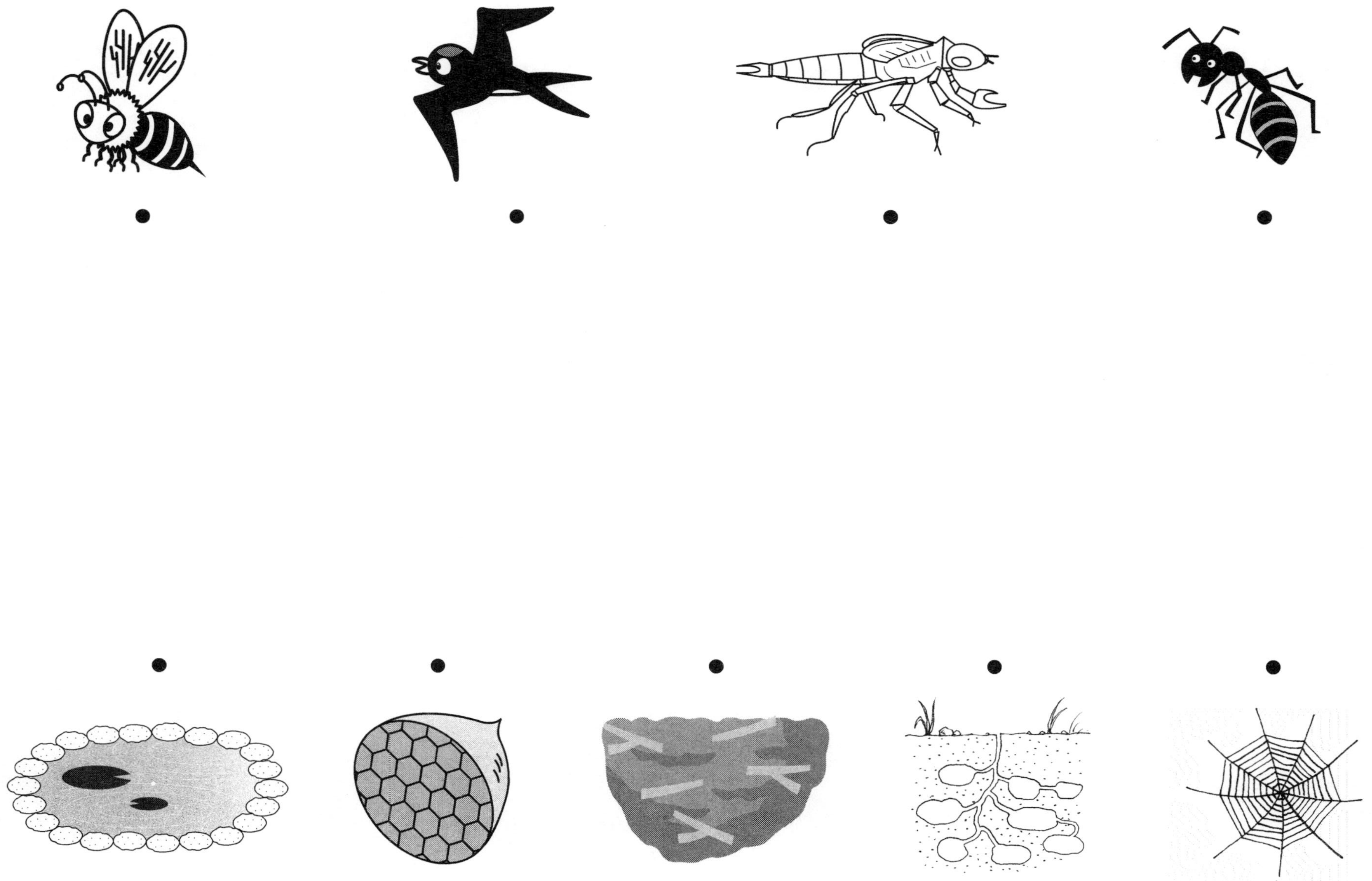

2025 年度　関西学院・雲雀丘学園　過去　無断複製/転載を禁ずる　　　　　　日本学習図書株式会社

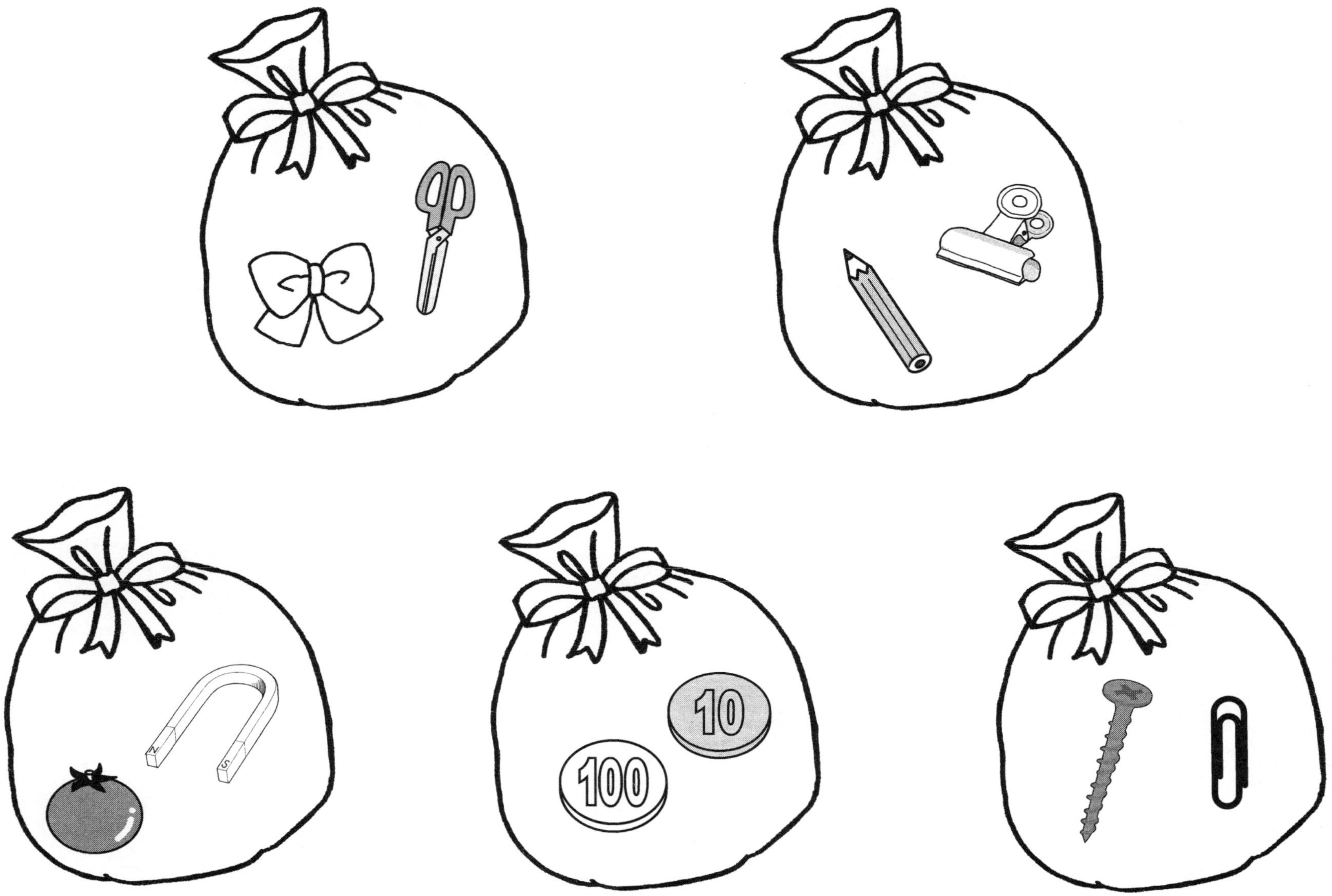

問題２１

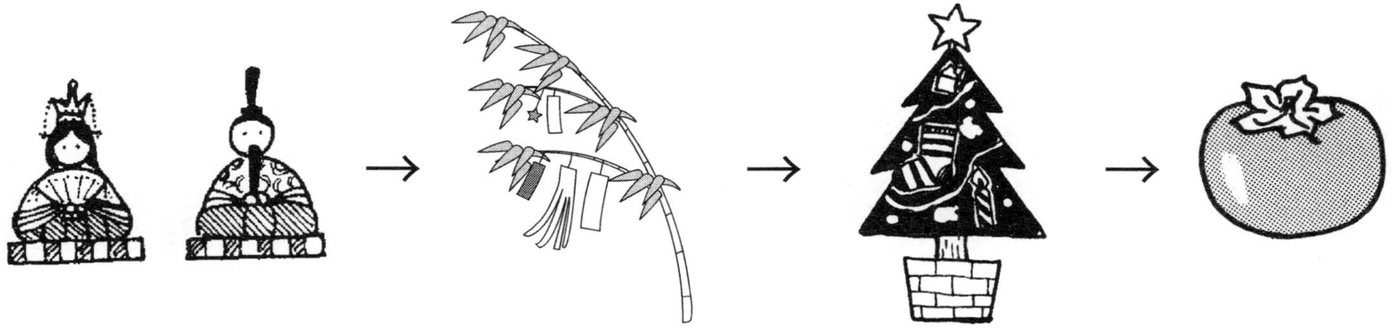

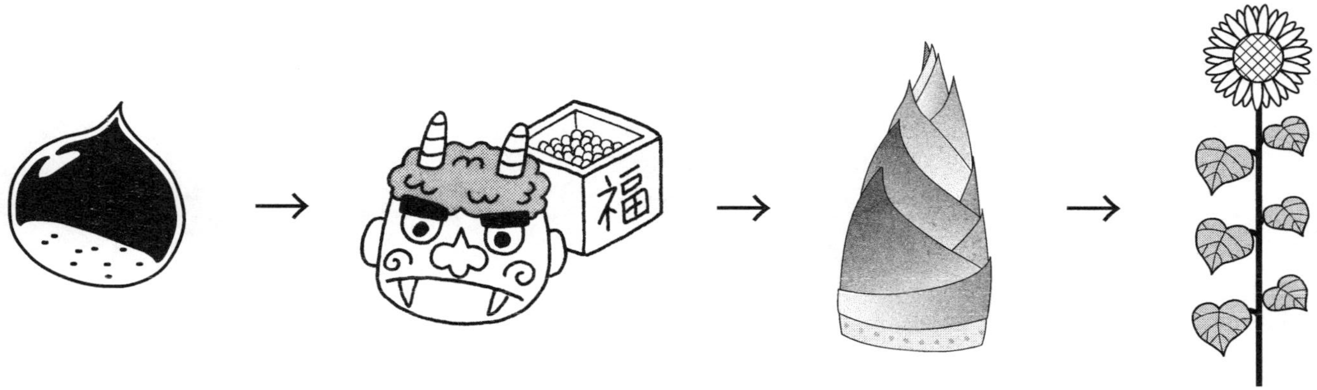

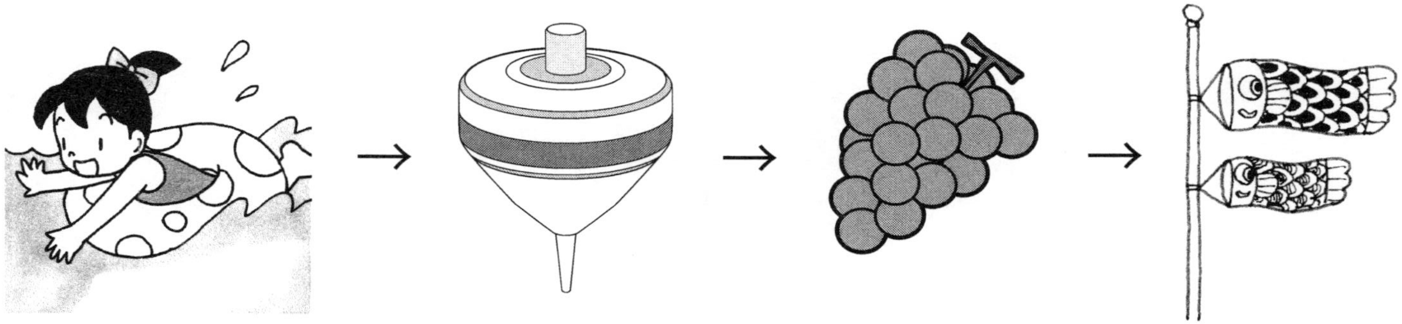

　無断複製／転載を禁ずる

日本学習図書株式会社

2025年度 関西学院・雲雀丘学園 過去 無断複製/転載を禁ずる 日本学習図書株式会社

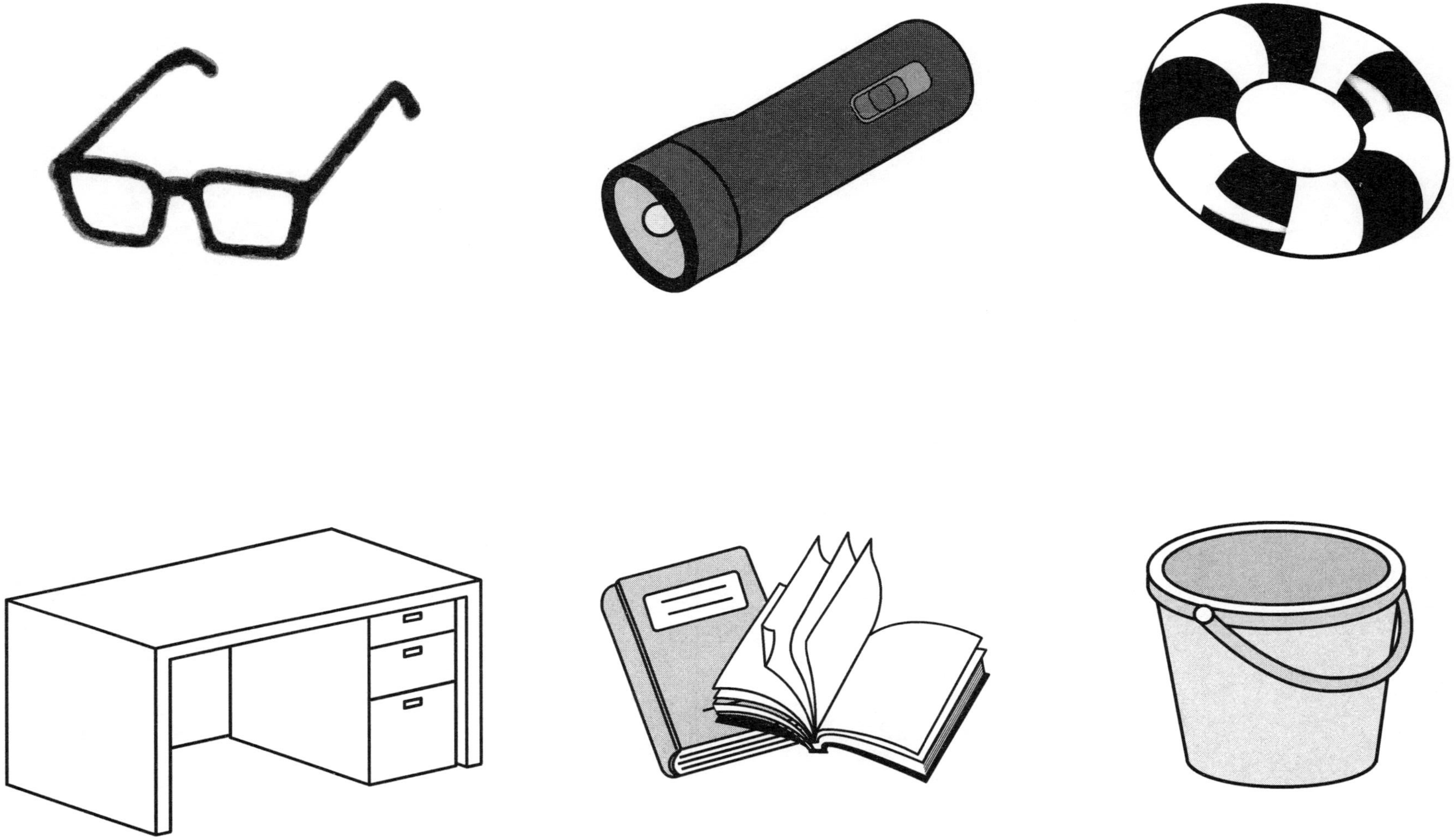

問題２３

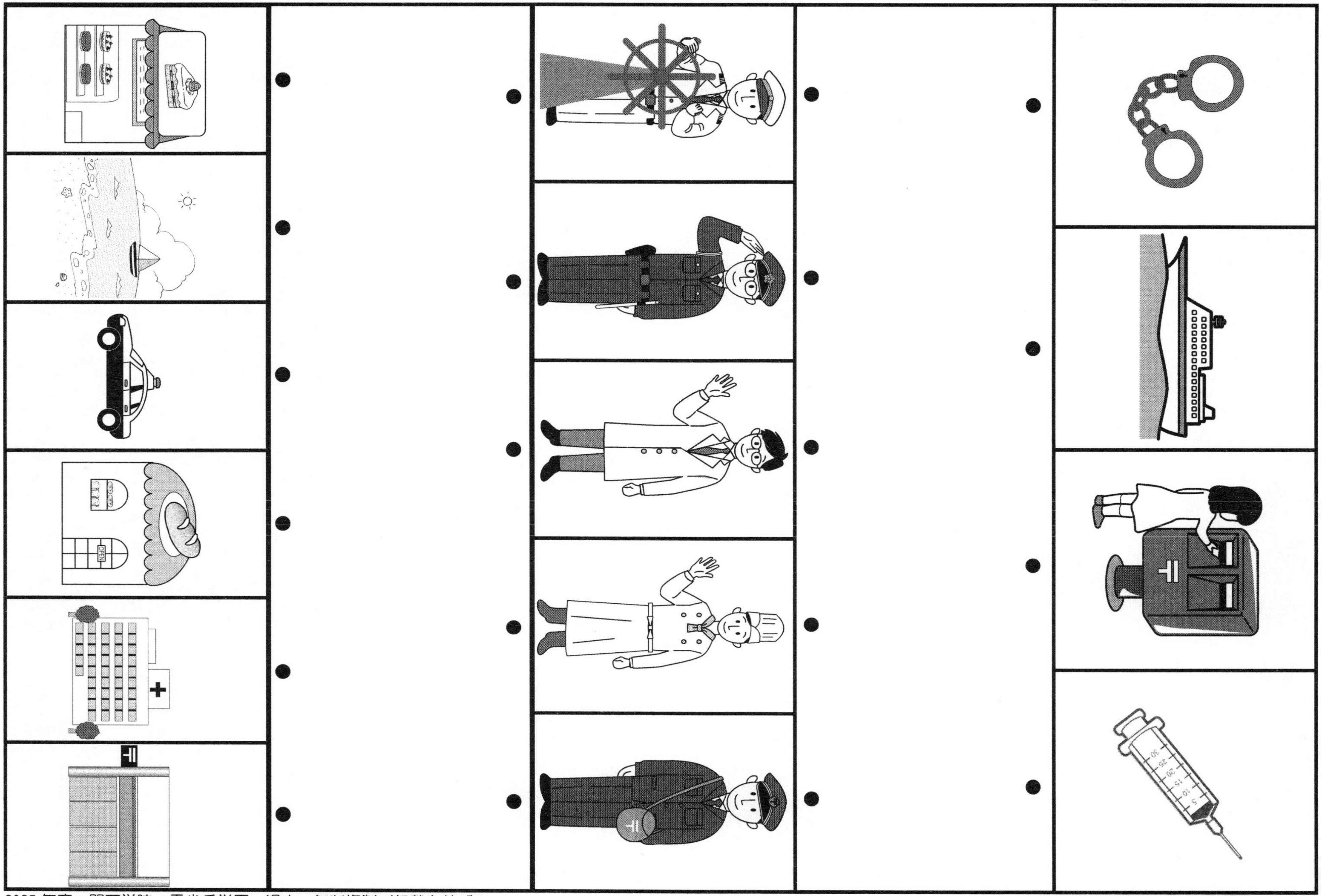

日本学習図書株式会社

問題２４－１

①

②

無断複製／転載を禁ずる

日本学習図書株式会社

2025 年度　関西学院・雲雀丘学園　過去　無断複製／転載を禁ずる

日本学習図書株式会社

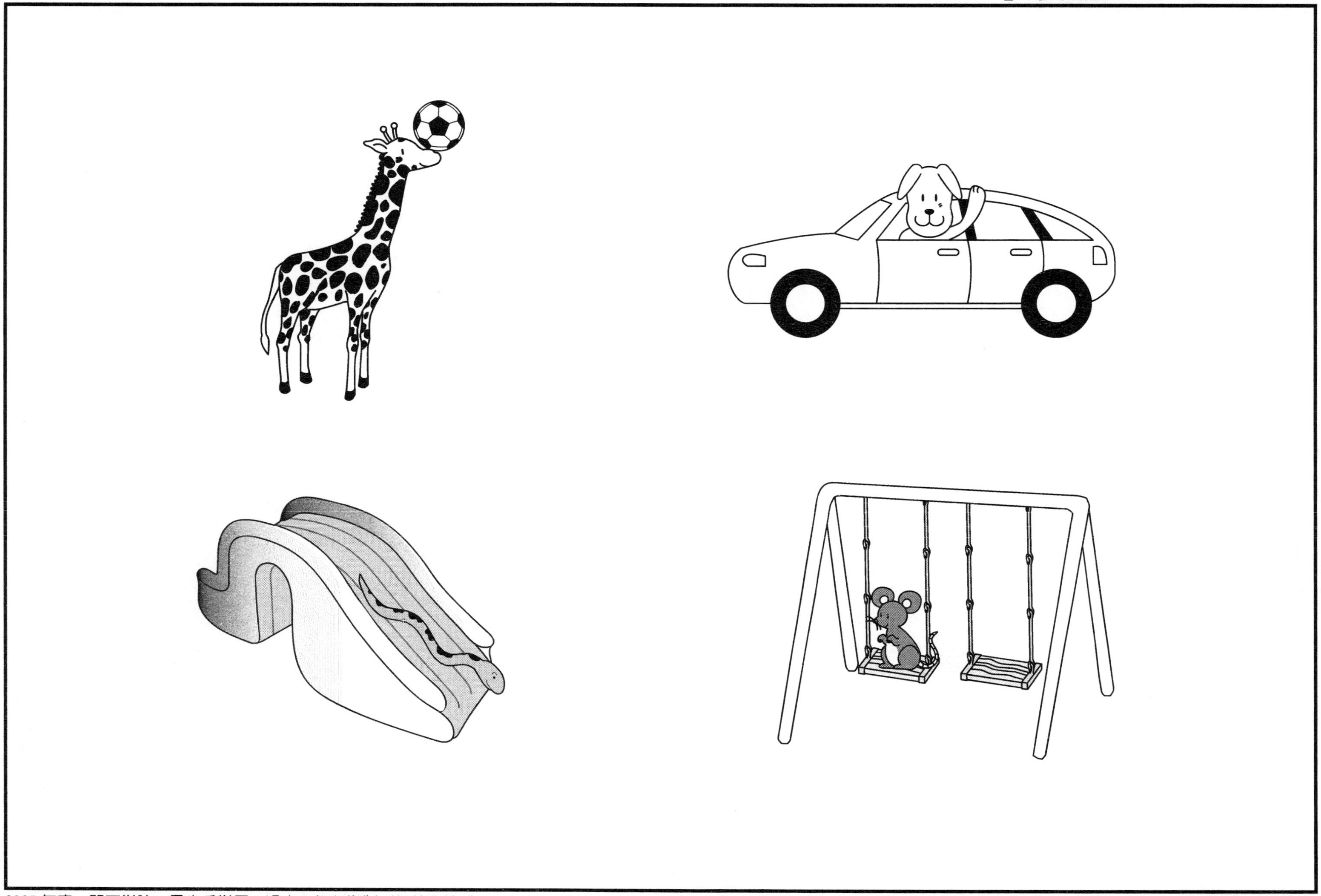

2025 年度　関西学院・雲雀丘学園　過去　無断複製／転載を禁ずる　　　　日本学習図書株式会社

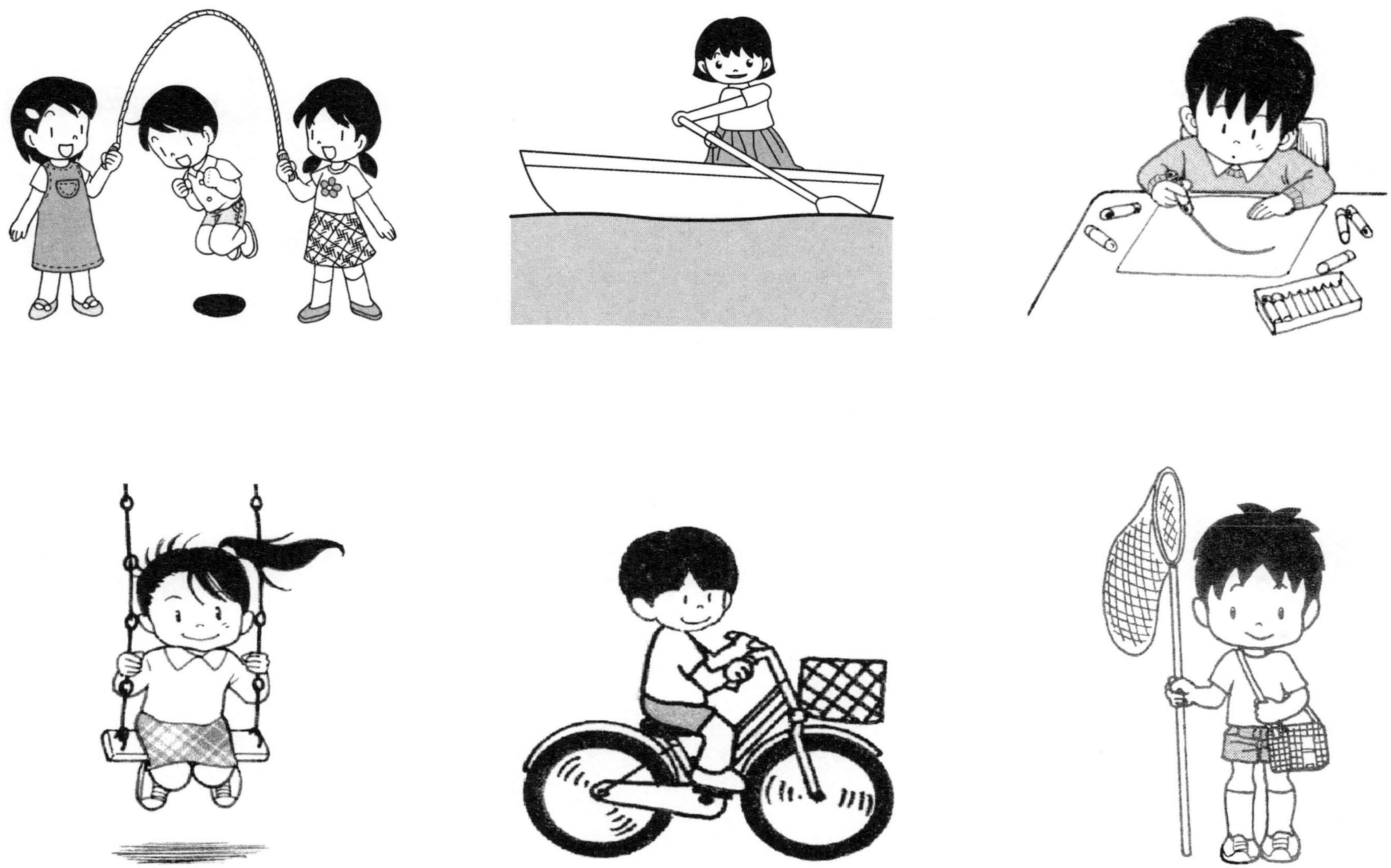

① ② ③ ④

2025 年度　関西学院・雲雀丘学園　過去　無断複製／転載を禁ずる　　　　日本学習図書株式会社

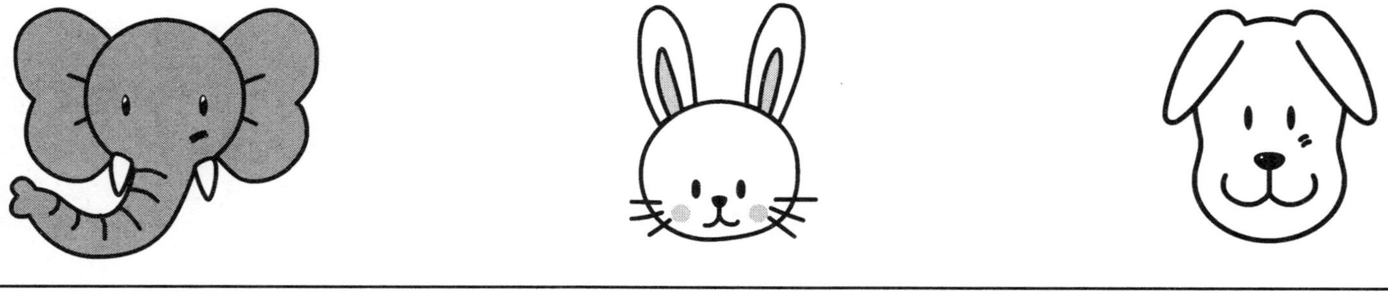

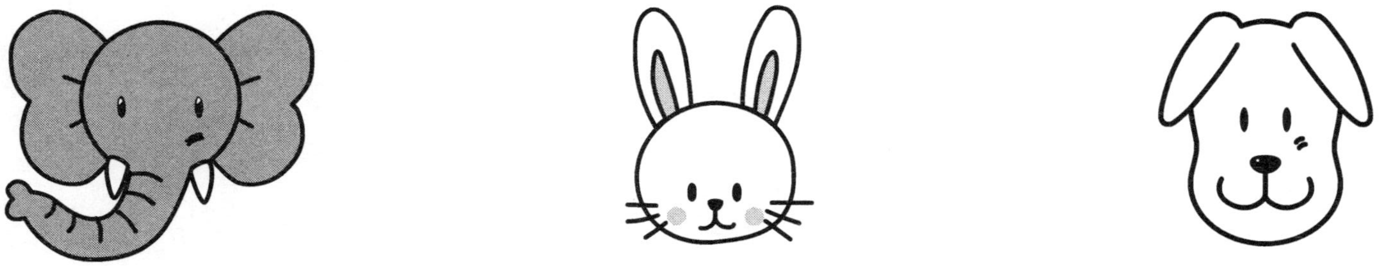

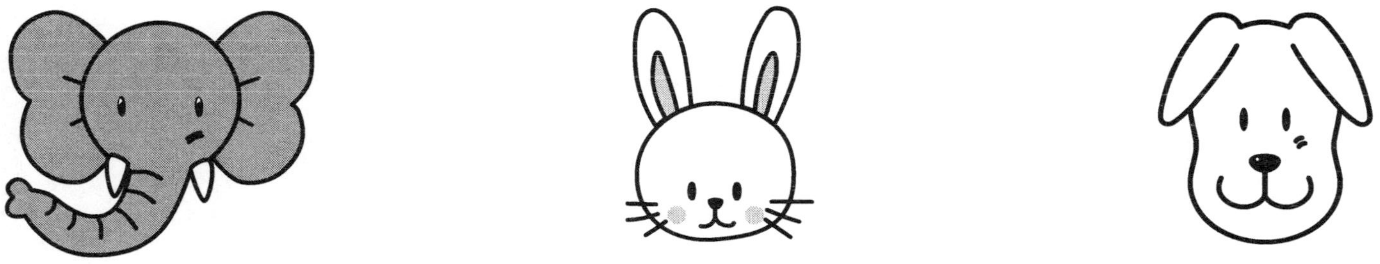

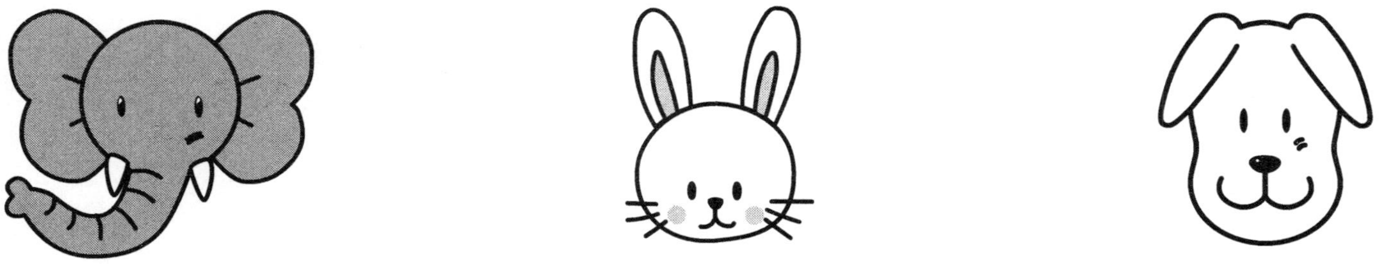

問題２７

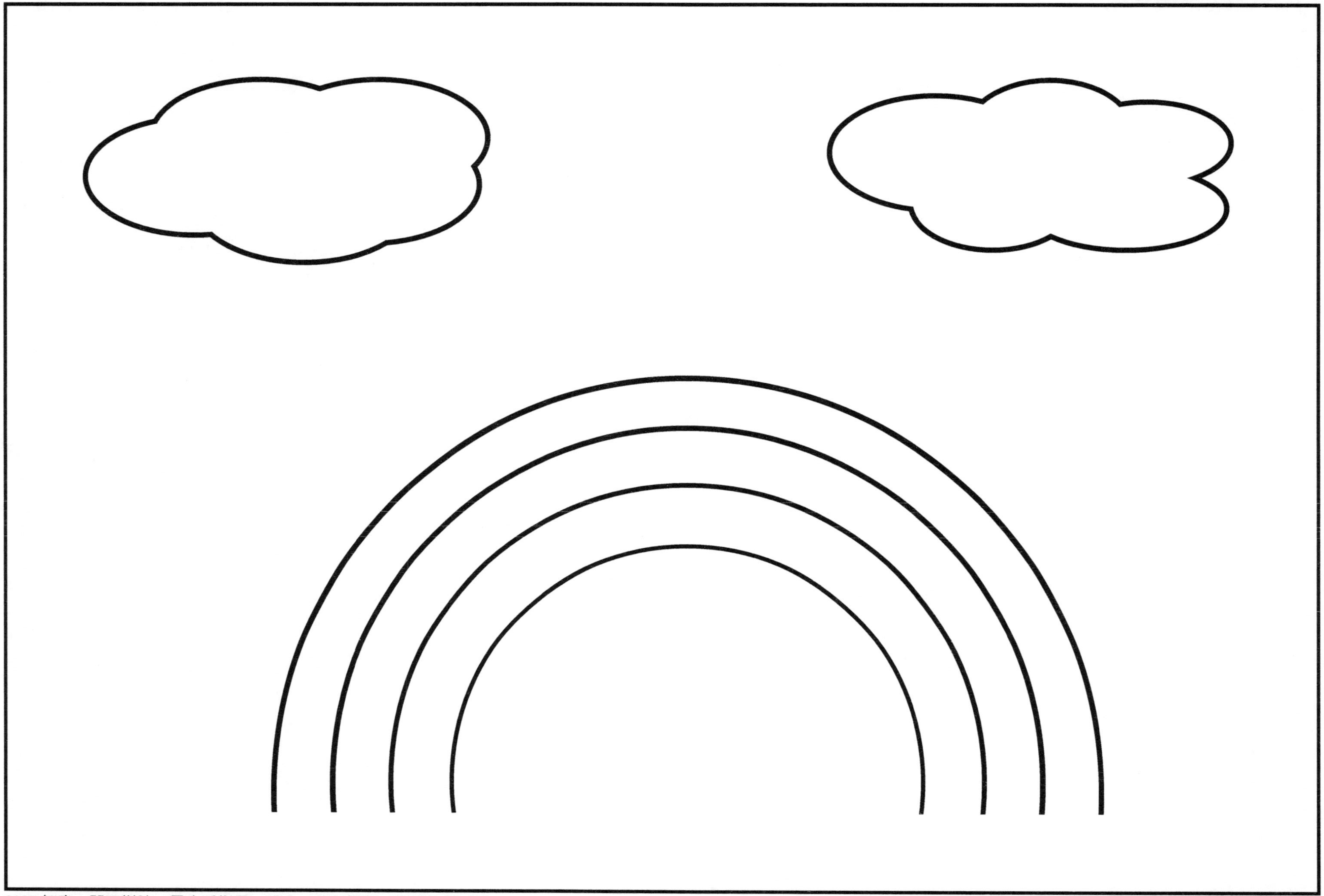

無断複製／転載を禁ずる

日本学習図書株式会社

問題３０

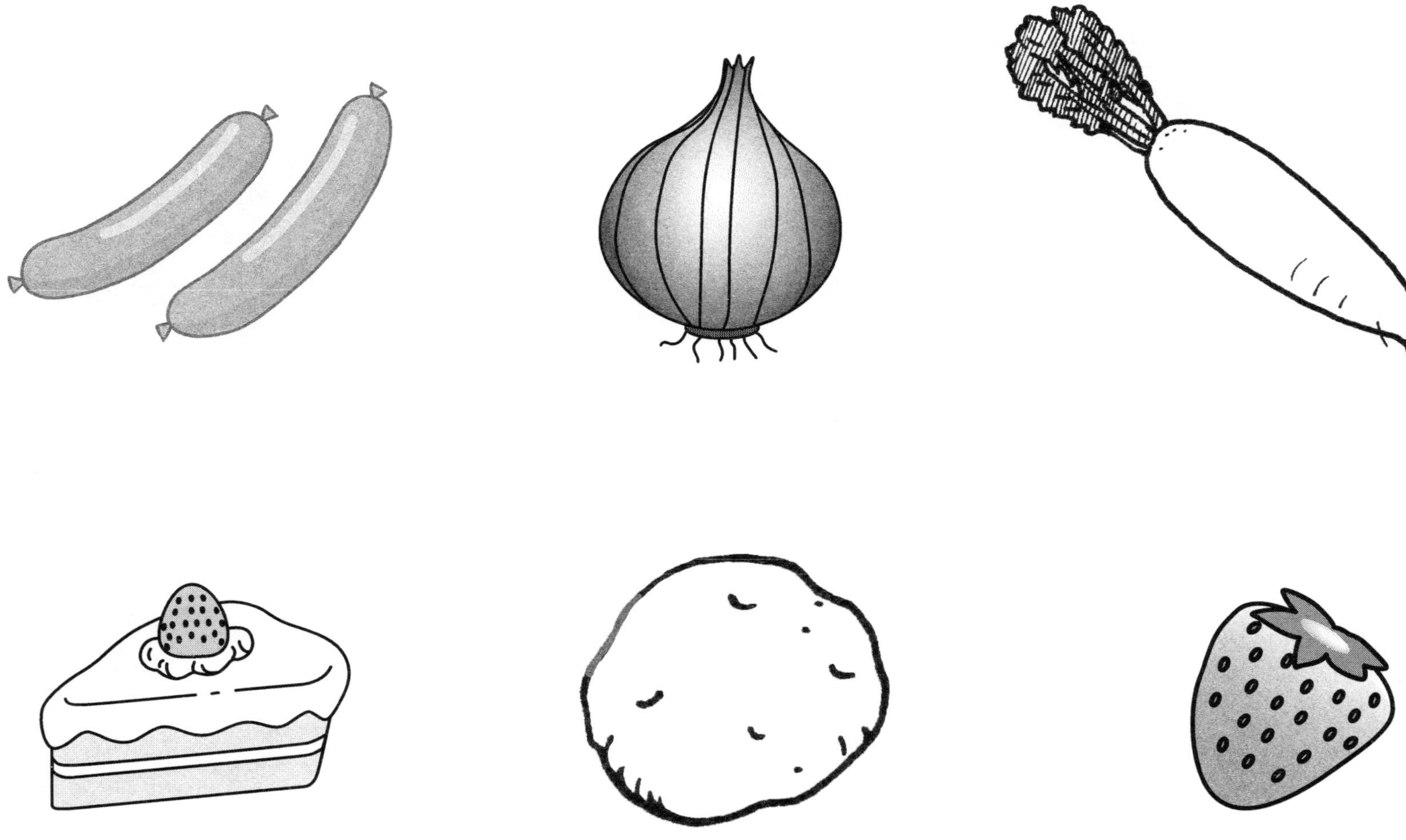

2025 年度　関西学院・雲雀丘学園　過去　無断複製／転載を禁ずる　　　　　　　　　日本学習図書株式会社

問題３４

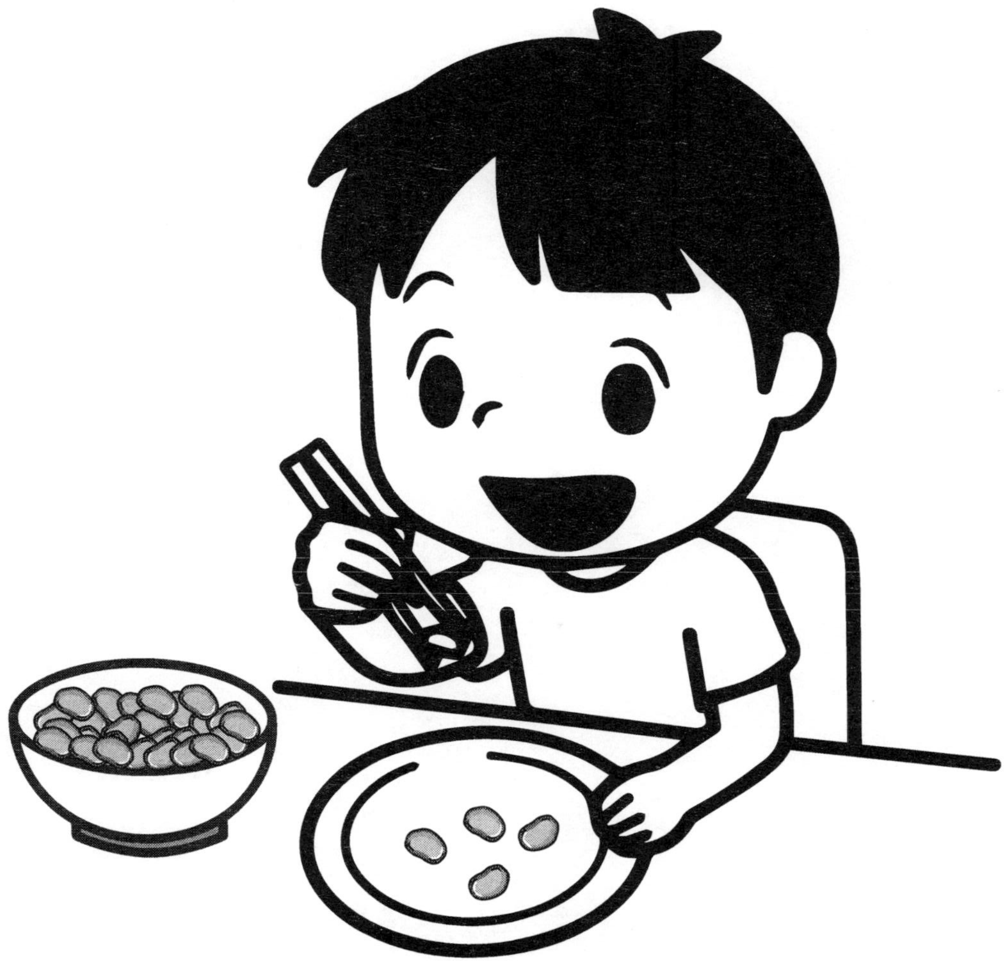

2025 年度　関西学院・雲雀丘学園　過去　無断複製／転載を禁ずる　日本学習図書株式会社

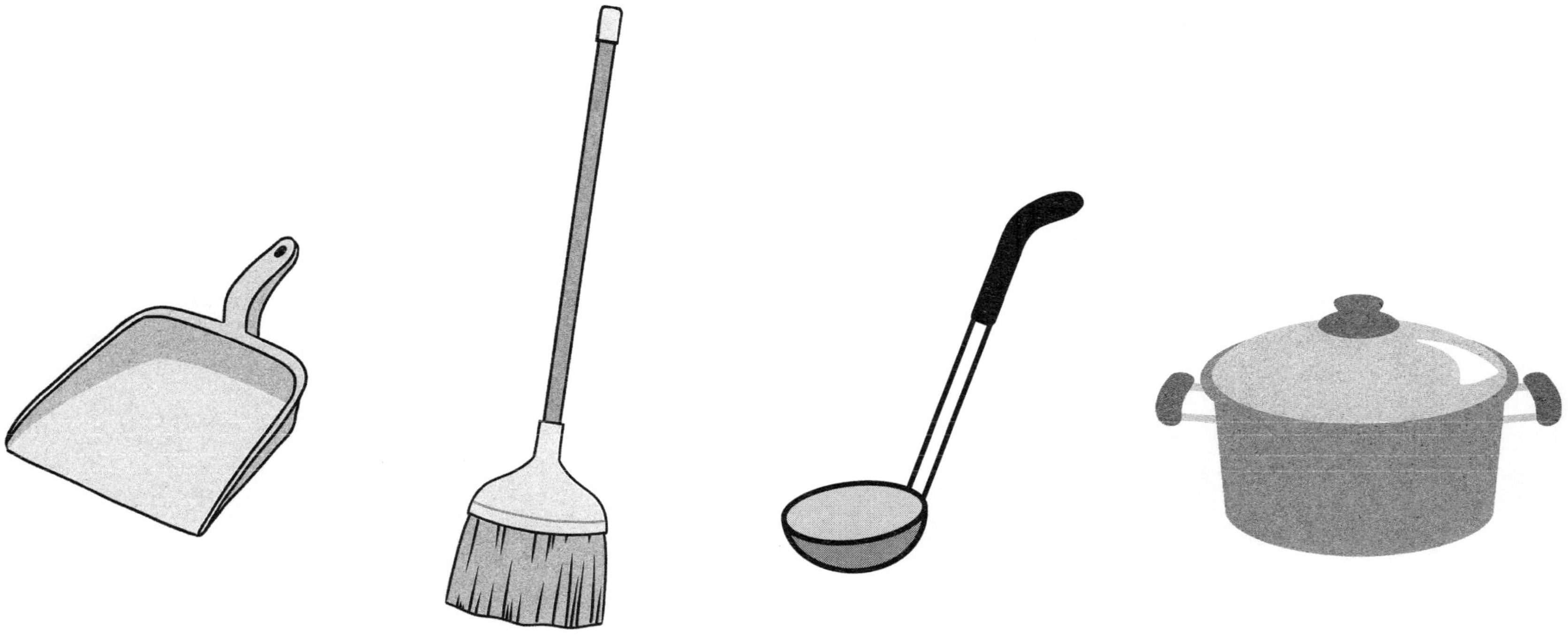

日本学習図書株式会社

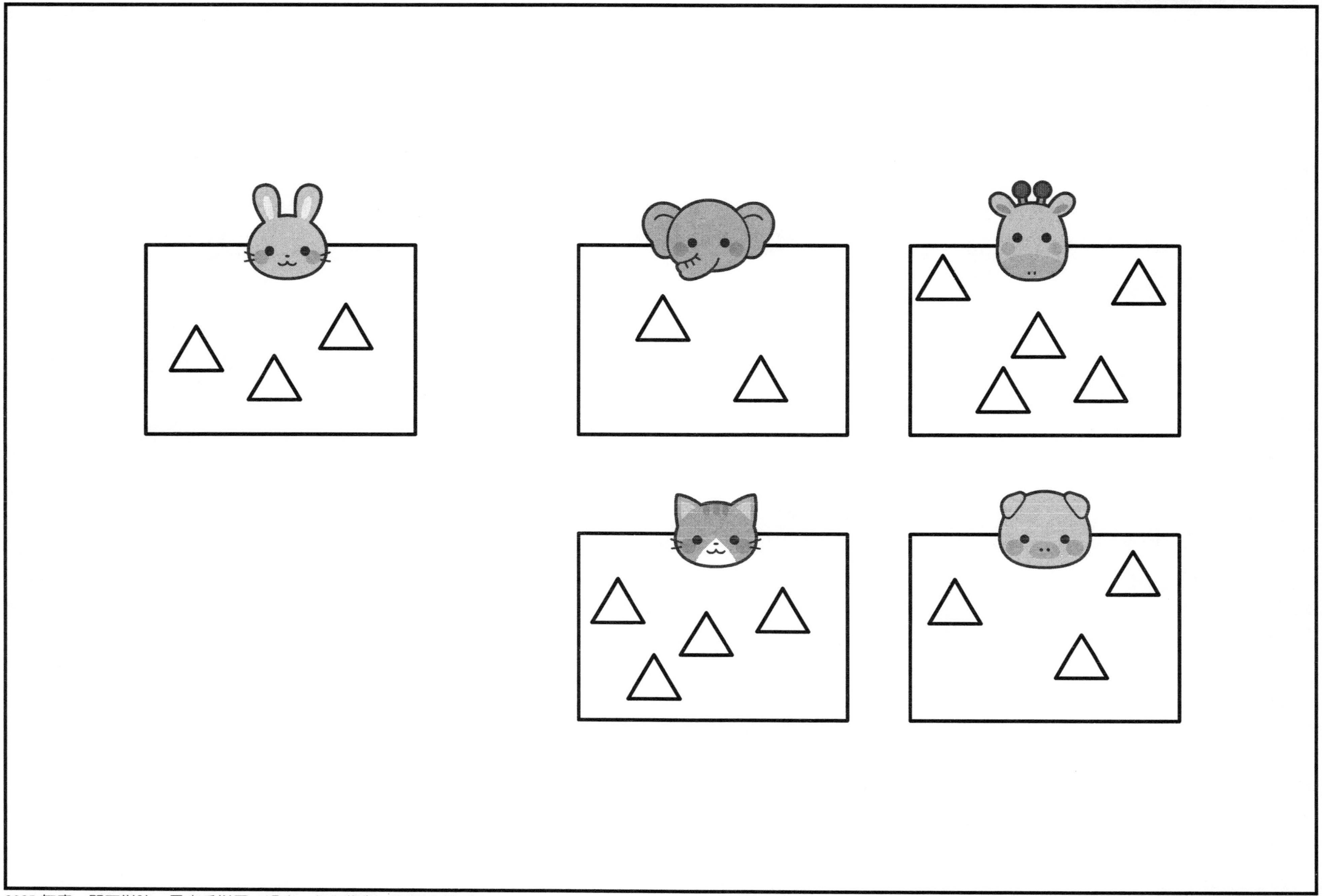

2025年度　関西学院・雲雀丘学園　過去　無断複製／転載を禁ずる　　　　　日本学習図書株式会社

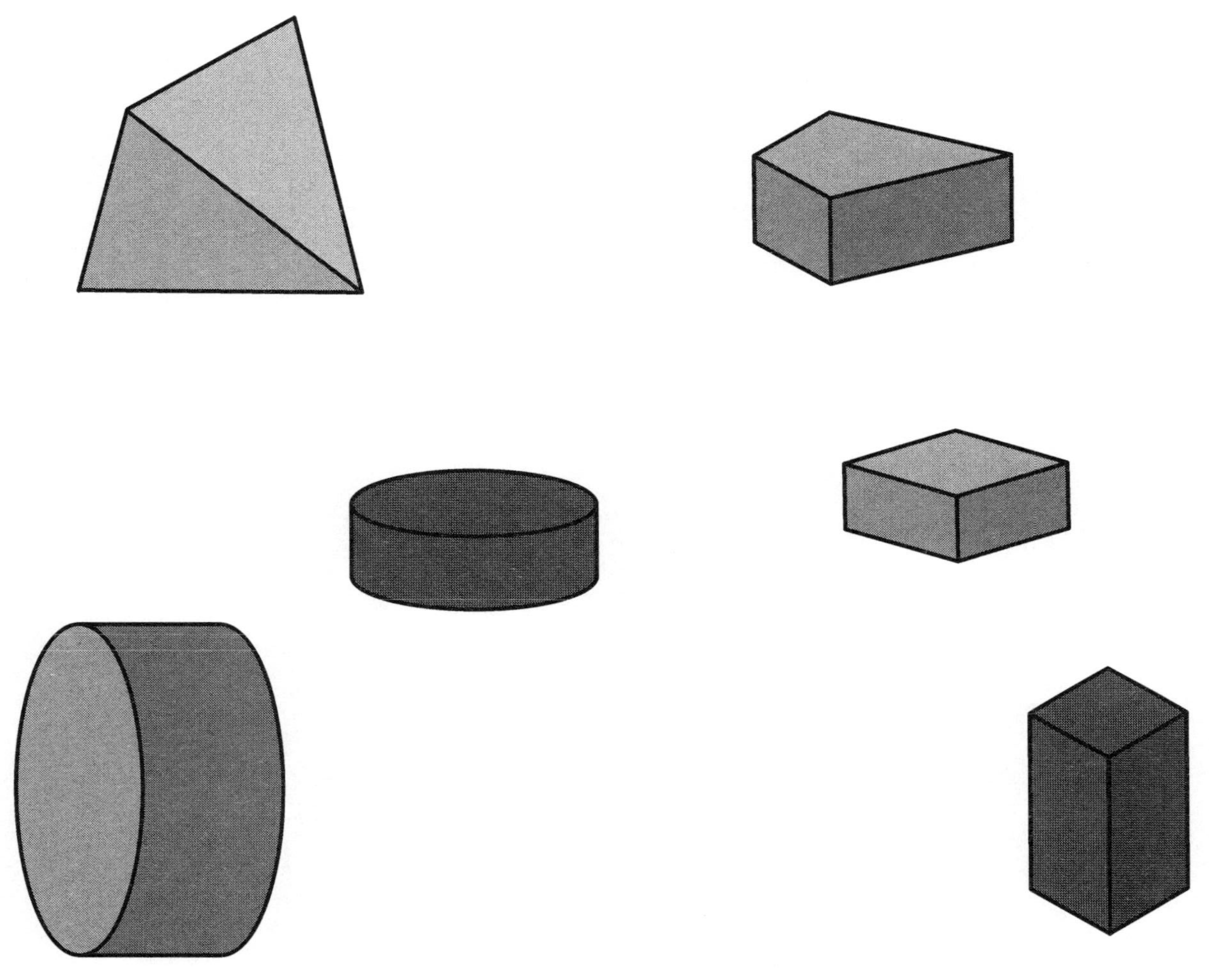

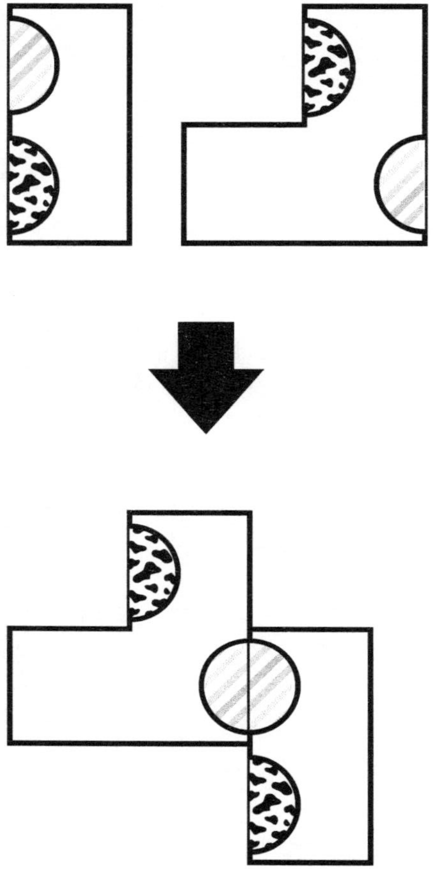

①

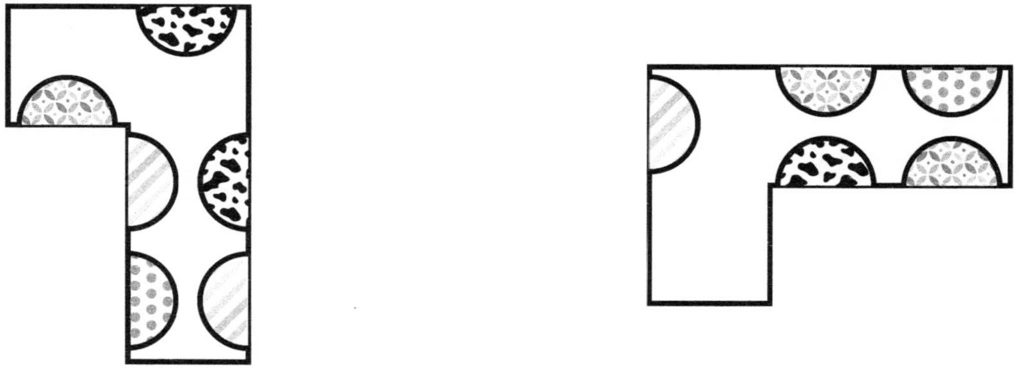

②

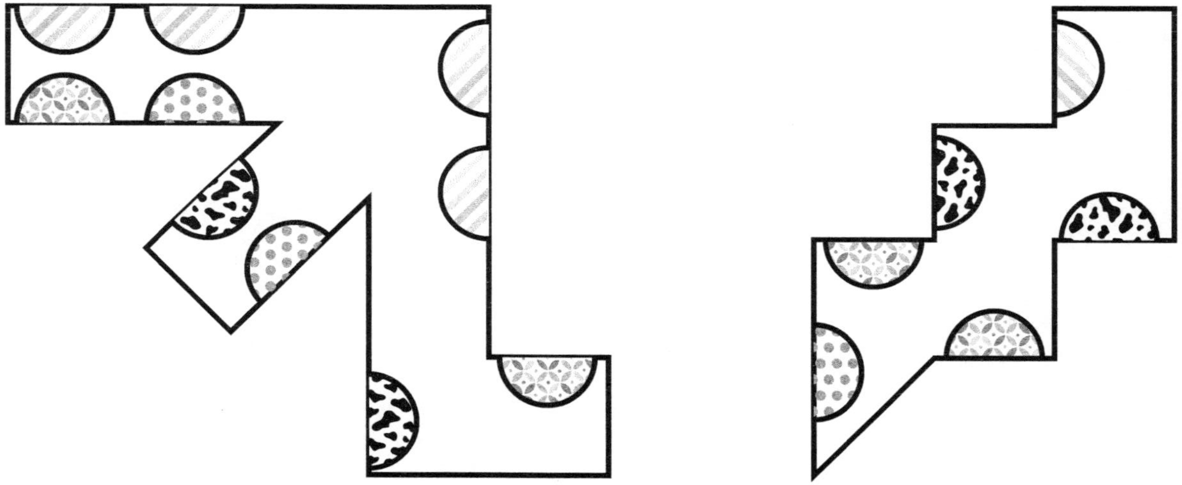

2025年度　関西学院・雲雀丘学園　過去　無断複製／転載を禁ずる　日本学習図書株式会社

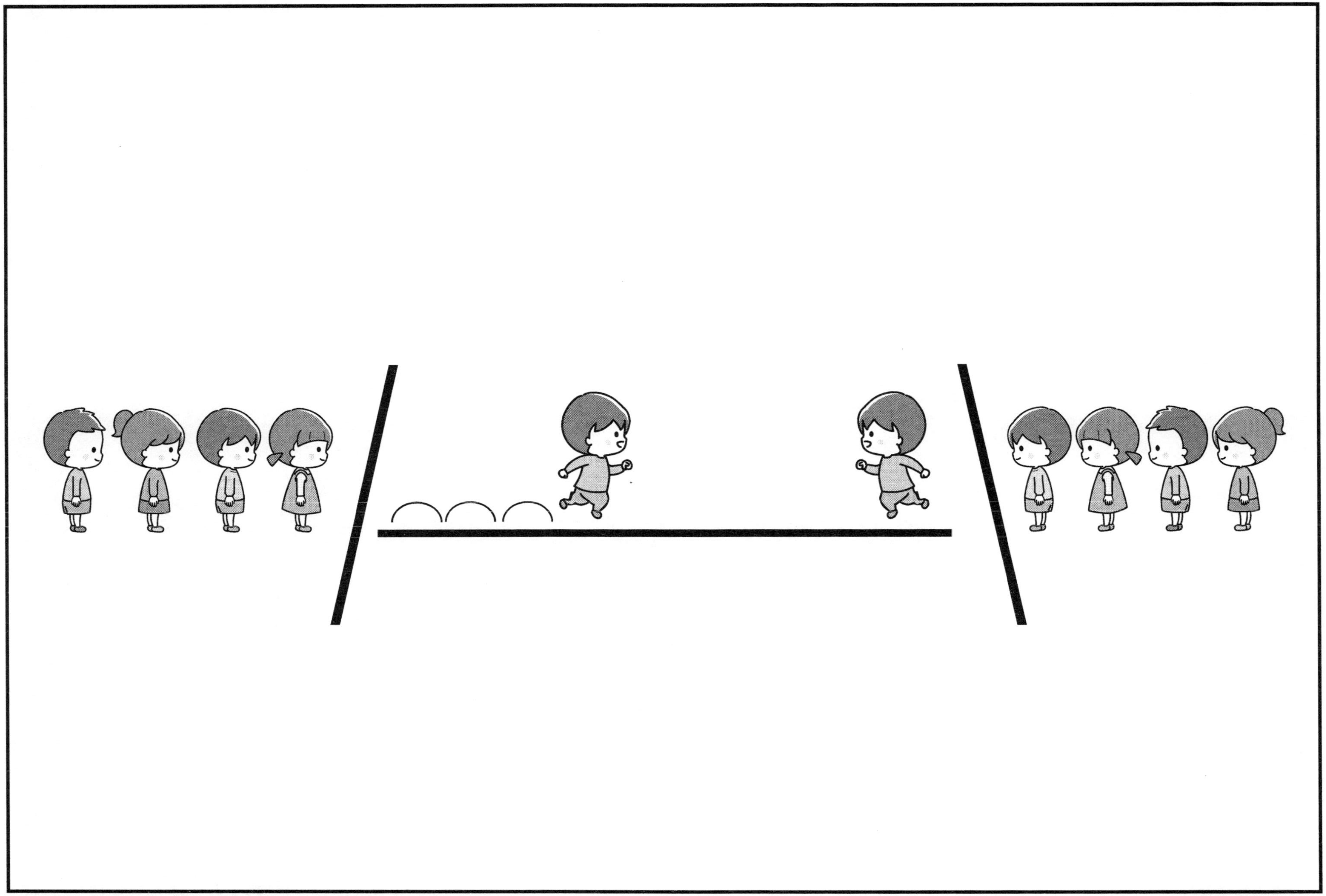

2025 年度　関西学院・雲雀丘学園　過去　無断複製／転載を禁ずる　　　　日本学習図書株式会社

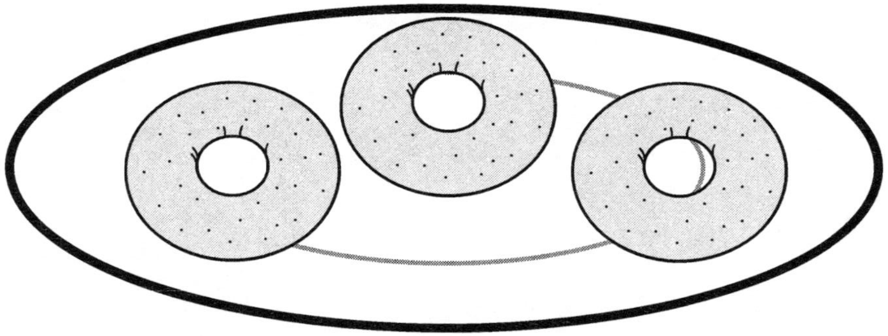

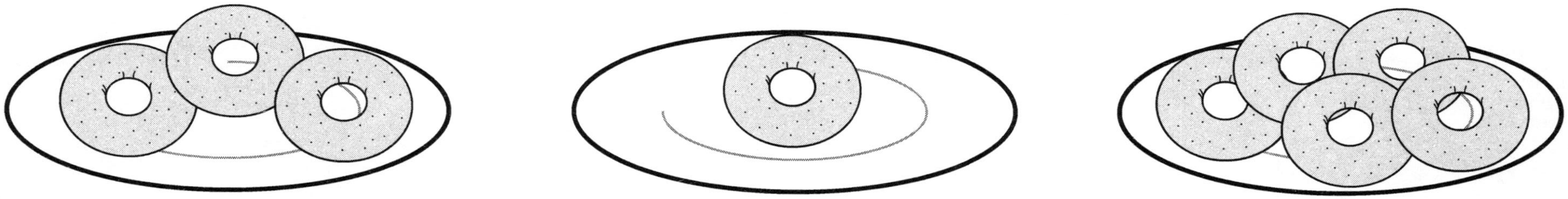

2025 年度　関西学院・雲雀丘学園　過去　無断複製／転載を禁ずる

日本学習図書株式会社

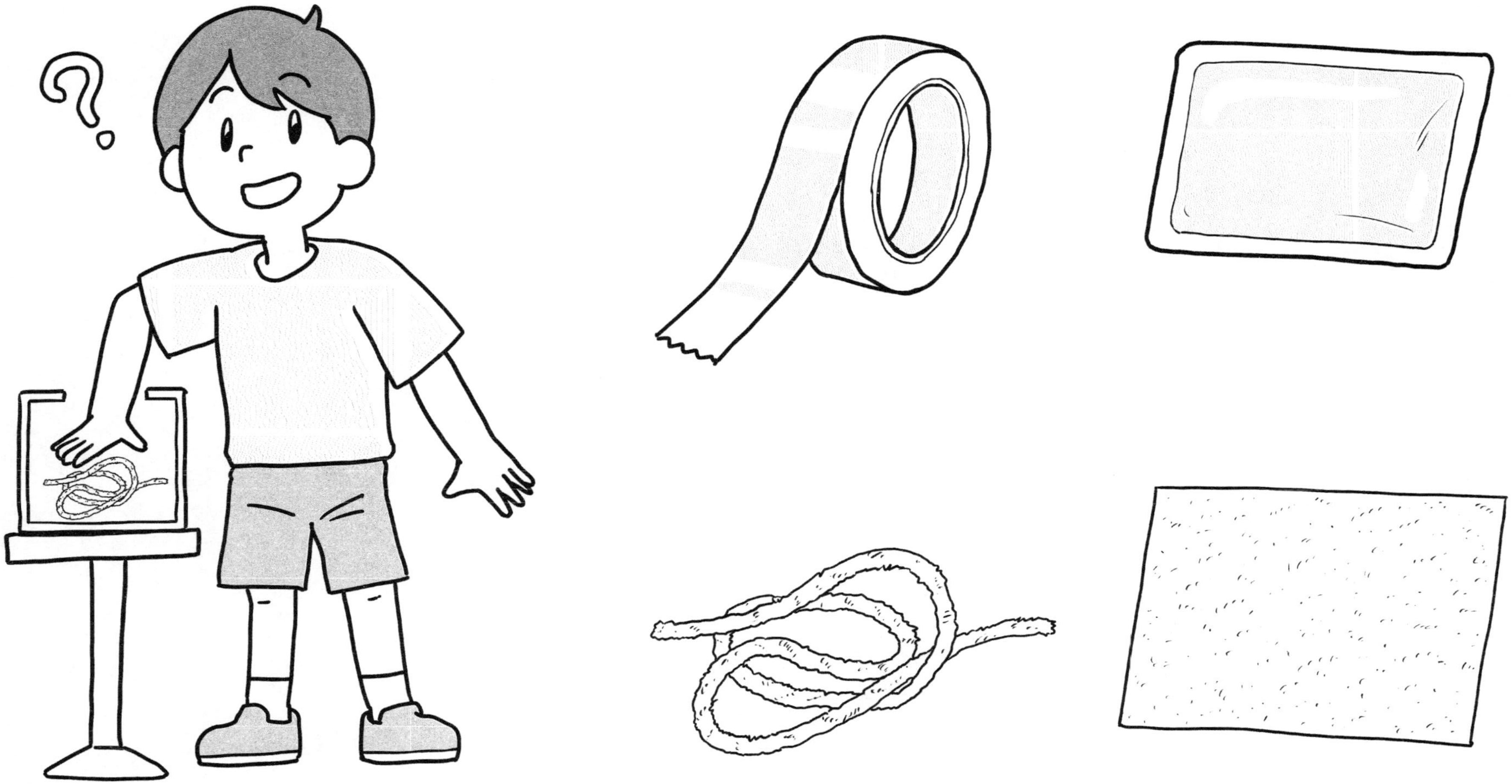

日本学習図書株式会社

2025 年度　関西学院・雲雀丘学園　過去　無断複製／転載を禁ずる

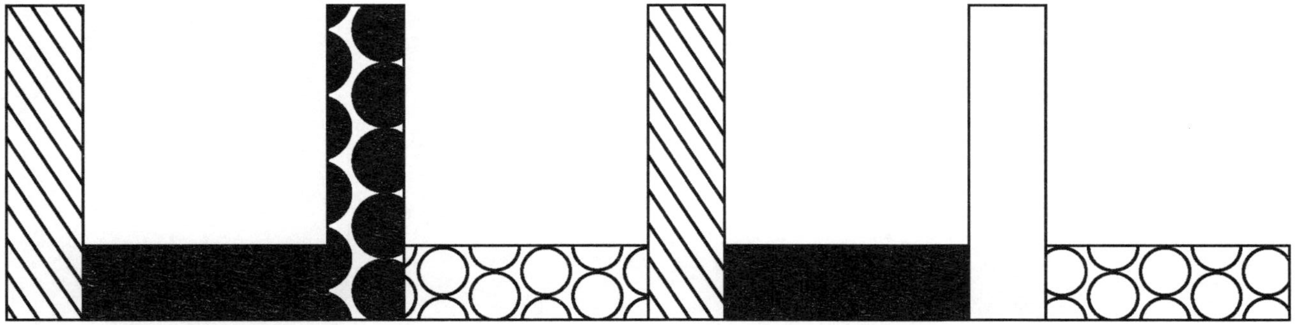

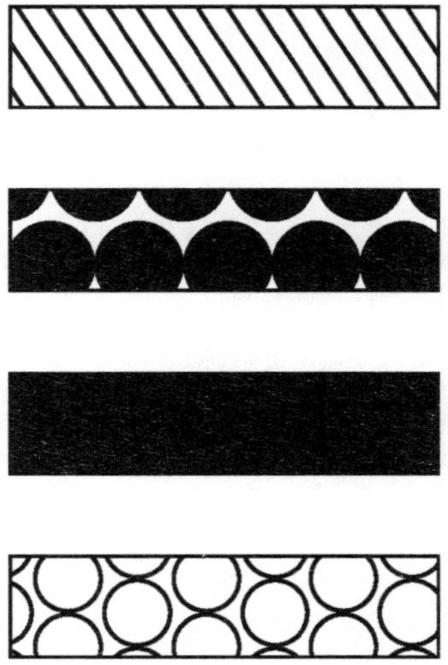

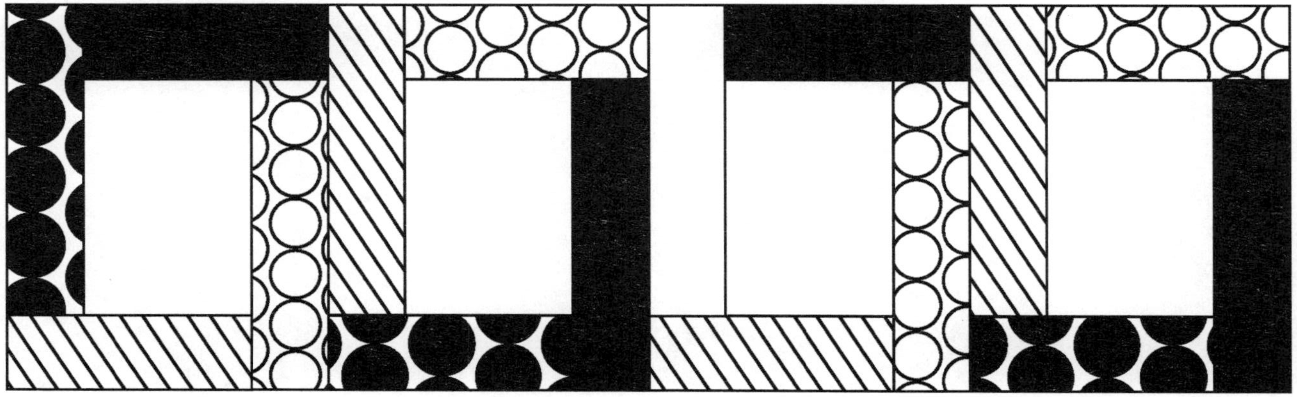

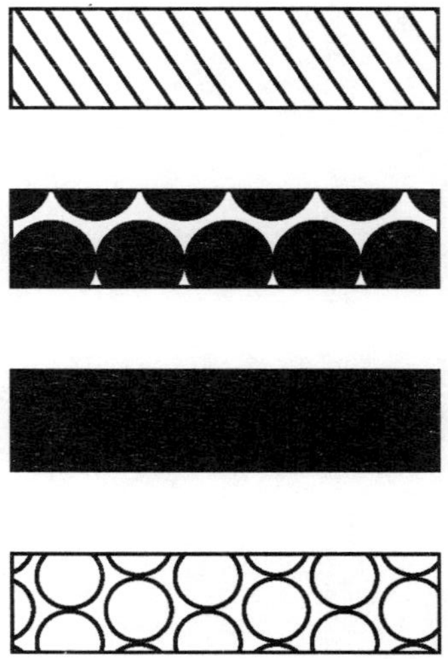

2025 年度　関西学院・雲雀丘学園　過去　無断複製／転載を禁ずる
日本学習図書株式会社

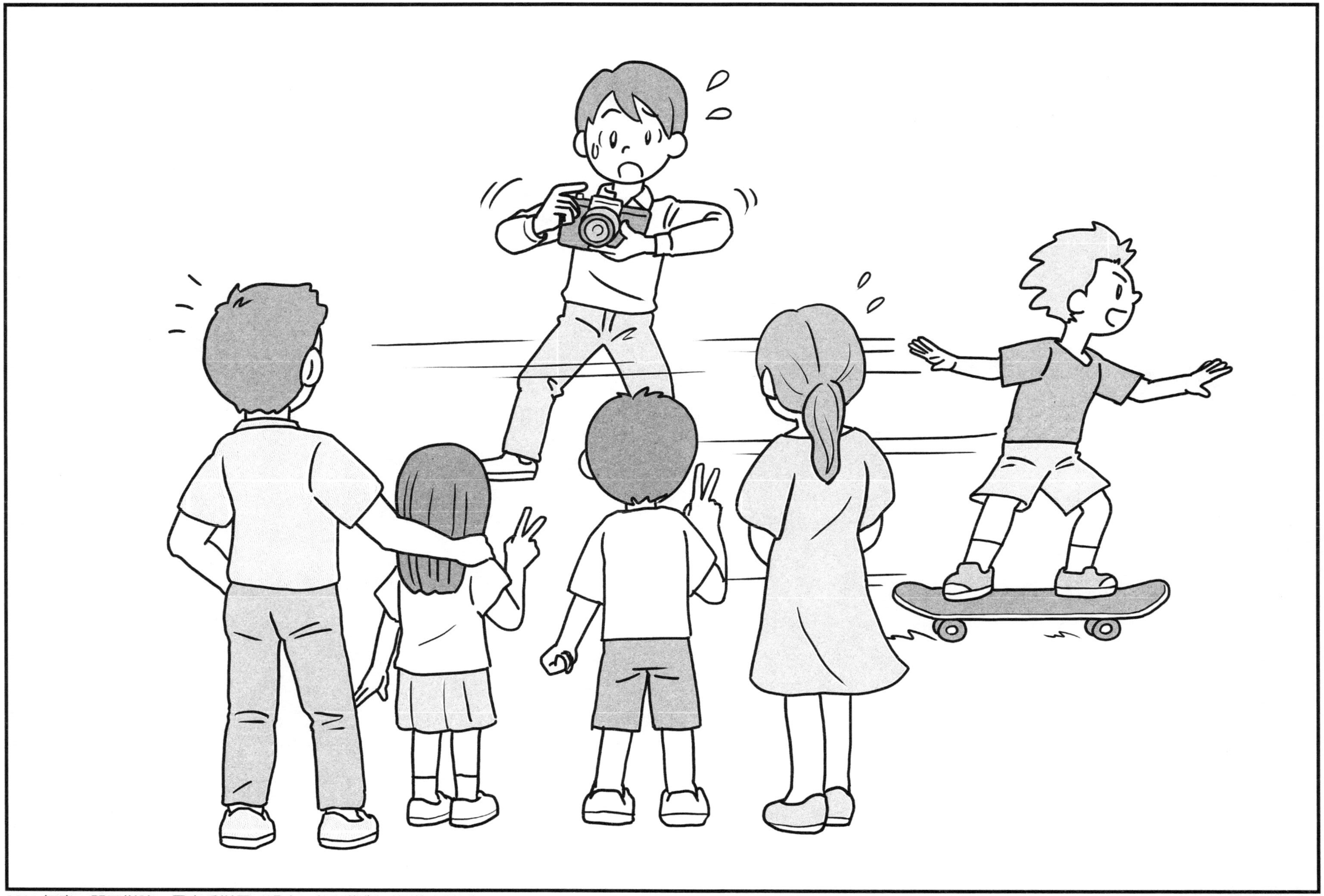

日本学習図書株式会社

2025 年度　関西学院・雲雀丘学園　過去　無断複製／転載を禁ずる

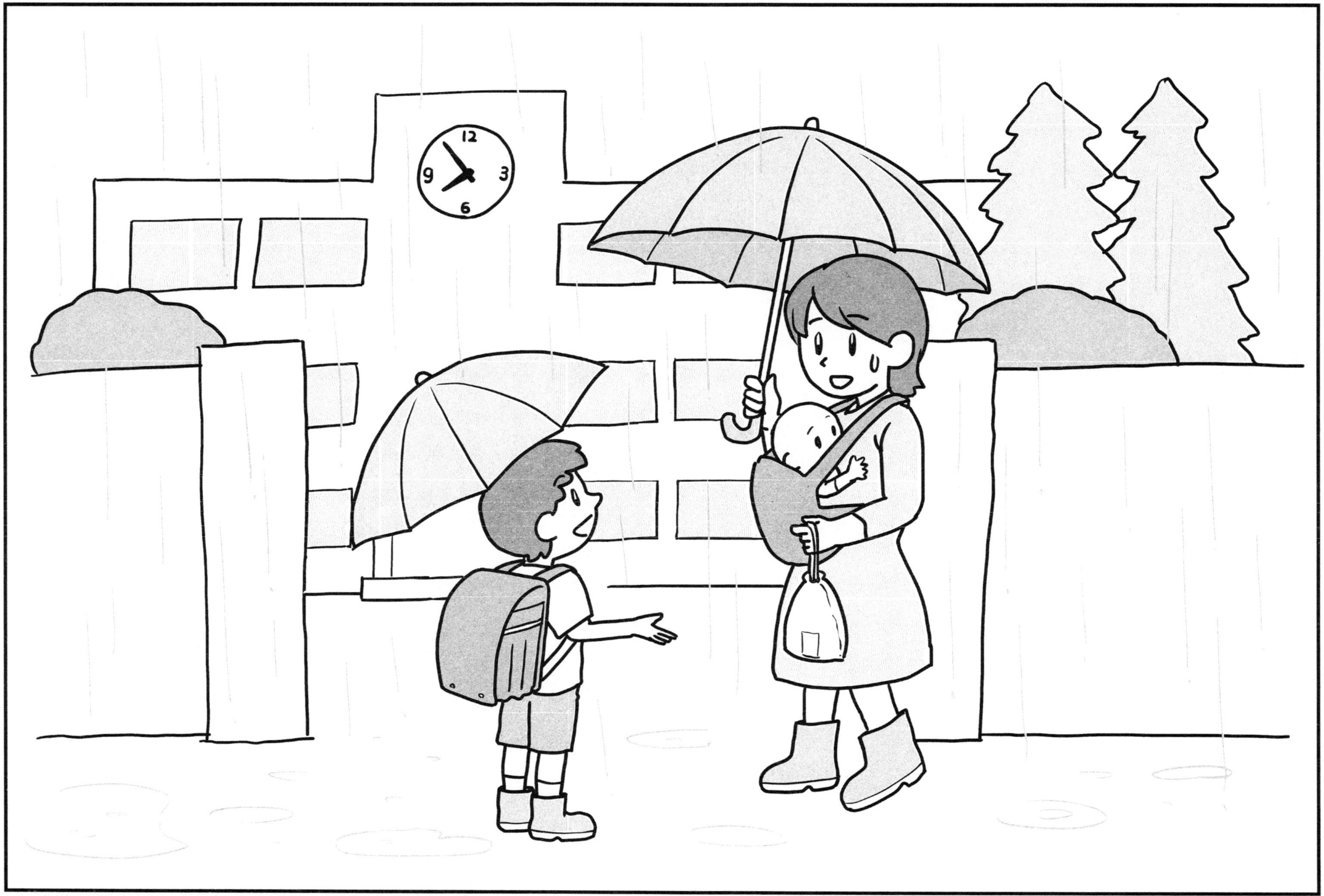

2025 年度　関西学院・雲雀丘学園　過去　無断複製／転載を禁ずる　　日本学習図書株式会社

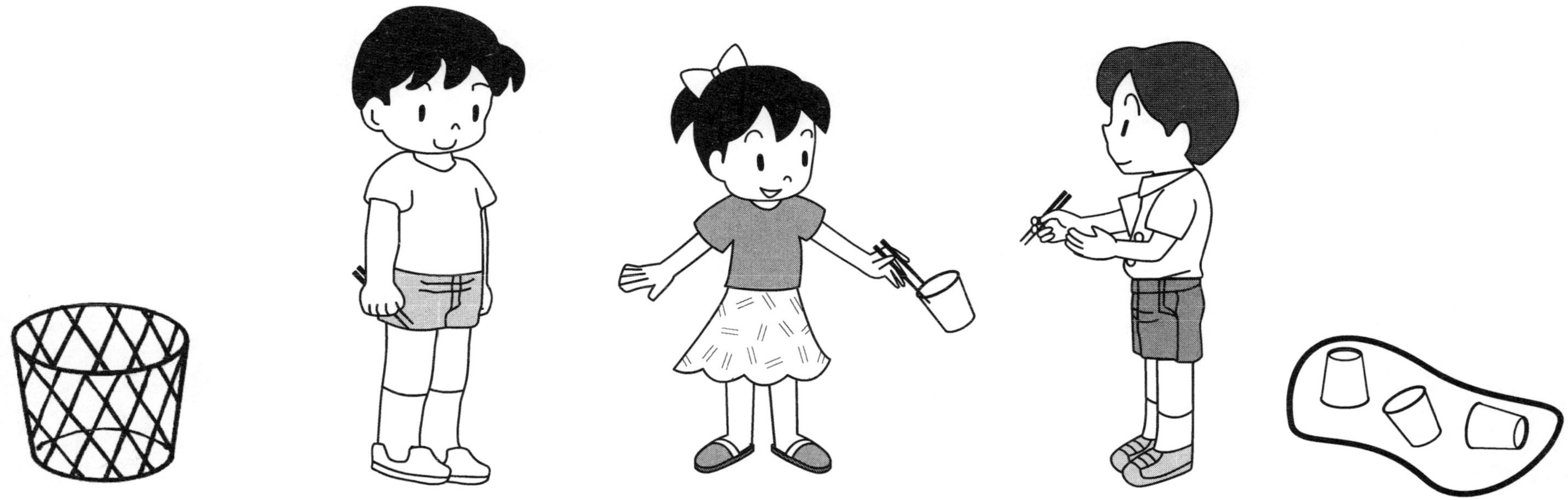

2025 年度　関西学院・雲雀丘学園　過去　無断複製／転載を禁ずる

日本学習図書株式会社

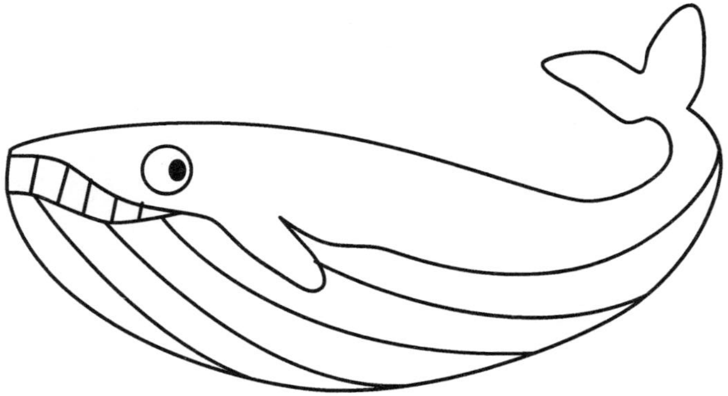

問題５０－２

無断複製／転載を禁ずる

関西学院初等部　専用注文書

年　　月　　日

合格のための問題集ベスト・セレクション

＊入試頻出分野ベスト３

1st　常　識 ［公　衆］［知　識］

2nd　推　理 ［思考力］［観察力］

3rd　口頭試問 ［話す力］［聞く力］

2023年度入試では、行動観察と運動の試験が３年ぶりに実施されました。ペーパーテストや口頭試問の内容については、大きな変化はなく、これまで通りの幅広い分野の学習が必要です。その中でも、常識分野は理科常識について細かい出題が見られるので対策しておきましょう。

分野	書　名	価格(税込)	注文	分野	書　名	価格(税込)	注文
図形	Ｊｒ.ウォッチャー 2「座標」	1,650円	冊	知識	Ｊｒ.ウォッチャー 34「季節」	1,650円	冊
図形	Ｊｒ.ウォッチャー 6「系列」	1,650円	冊	図形	Ｊｒ.ウォッチャー 53「四方からの観察 積み木編」	1,650円	冊
常識	Ｊｒ.ウォッチャー 11「いろいろな仲間」	1,650円	冊	図形	Ｊｒ.ウォッチャー 54「図形の構成」	1,650円	冊
常識	Ｊｒ.ウォッチャー 12「日常生活」	1,650円	冊	知識	Ｊｒ.ウォッチャー 55「理科②」	1,650円	冊
数量	Ｊｒ.ウォッチャー 14「数える」	1,650円	冊	常識	Ｊｒ.ウォッチャー 56「マナーとルール」	1,650円	冊
数量	Ｊｒ.ウォッチャー 15「比較」	1,650円	冊	言語	Ｊｒ.ウォッチャー 60「言葉の音（おん）」	1,650円	冊
言語	Ｊｒ.ウォッチャー 18「いろいろな言葉」	1,650円	冊		1話5分の読み聞かせお話集①・②	1,980円	各　冊
記憶	Ｊｒ.ウォッチャー 19「お話の記憶」	1,650円	冊		お話の記憶問題集 初級編	2,860円	冊
記憶	Ｊｒ.ウォッチャー 20「見る記憶・聴く記憶」	1,650円	冊		お話の記憶問題集 中級編・上級編	2,200円	各　冊
知識	Ｊｒ.ウォッチャー 27「理科」	1,650円	冊		新 口頭試問・個別テスト問題集	2,750円	冊
観察	Ｊｒ.ウォッチャー 28「運動」	1,650円	冊		新 運動テスト問題集	2,420円	冊
観察	Ｊｒ.ウォッチャー 29「行動観察」	1,650円	冊		保護者のための面接最強マニュアル	2,200円	冊
推理	Ｊｒ.ウォッチャー 31「推理思考」	1,650円	冊		家庭で行う面接テスト問題集	2,200円	冊
推理	Ｊｒ.ウォッチャー 33「シーソー」	1,650円	冊		新 小学校受験の入試面接Q＆A	2,860円	冊

合計	冊	円

（フリガナ） 氏　名	電　話 ＦＡＸ E-mail
住 所　〒　　　－	以前にご注文されたことはございますか。 有　・　無

★お近くの書店、または記載の電話・FAX・ホームページにてご注文をお受けしております。
電話：03-5261-8951　FAX：03-5261-8953　代金は書籍合計金額＋送料がかかります。
※なお、落丁・乱丁以外の理由による商品の返品・交換には応じかねます。
★ご記入頂いた個人に関する情報は、当社にて厳重に管理致します。なお、ご購入の商品発送の他に、当社発行の書籍案内、書籍に関する調査に使用させて頂く場合がございますので、予めご了承ください。

日本学習図書株式会社
https://www.nichigaku.jp

雲雀丘学園小学校　専用注文書

年　　月　　日

合格のための問題集ベスト・セレクション

＊入試頻出分野ベスト３

1st　常　識　知　識　観察力

2nd　推　理　観察力　思考力

3rd　数　量　思考力　集中力

2023年度入試からは、ペーパーテストがなくなり、代わりに口頭試問による試験が実施されました。形式は大きく変わりましたが、内容はこれまで通り、幅広い分野の常識問題が出題されます。季節、動物、植物の特徴などについて、早めの習得が必要です。

分野	書　名	価格(税込)	注文	分野	書　名	価格(税込)	注文
図形	Ｊｒ．ウォッチャー3「パズル」	1,650円	冊	推理	Ｊｒ．ウォッチャー31「推理思考」	1,650円	冊
図形	Ｊｒ．ウォッチャー6「系列」	1,650円	冊	知識	Ｊｒ．ウォッチャー34「季節」	1,650円	冊
常識	Ｊｒ．ウォッチャー11「色々な仲間」	1,650円	冊	言語	Ｊｒ．ウォッチャー49「しりとり」	1,650円	冊
常識	Ｊｒ．ウォッチャー12「日常生活」	1,650円	冊	知識	Ｊｒ．ウォッチャー55「理科②」	1,650円	冊
数量	Ｊｒ．ウォッチャー14「数える」	1,650円	冊	常識	Ｊｒ．ウォッチャー56「マナーとルール」	1,650円	冊
数量	Ｊｒ．ウォッチャー15「比較」	1,650円	冊	言語	Ｊｒ．ウォッチャー60「言葉の音（おん）」	1,650円	冊
言語	Ｊｒ．ウォッチャー17「言葉の音遊び」	1,650円	冊		実践 ゆびさきトレーニング①②③	2,750円	各　冊
言語	Ｊｒ．ウォッチャー18「いろいろな言葉」	1,650円	冊		１話５分の読み聞かせお話集①・②	1,980円	各　冊
想像	Ｊｒ．ウォッチャー21「お話作り」	1,650円	冊		新 運動テスト問題集	2,420円	冊
想像	Ｊｒ．ウォッチャー22「想像画」	1,650円	冊		新 小学校受験の入試面接Ｑ＆Ａ	2,860円	冊
巧緻性	Ｊｒ．ウォッチャー24「絵画」	1,650円	冊		新 口頭試問・個別テスト問題集	2,750円	冊
知識	Ｊｒ．ウォッチャー27「理科」	1,650円	冊		保護者のための面接最強マニュアル	2,200円	冊
観察	Ｊｒ．ウォッチャー28「運動」	1,650円	冊		家庭で行う面接テスト問題集	2,200円	冊
観察	Ｊｒ．ウォッチャー29「行動観察」	1,650円	冊		新 小学校受験 願書・アンケート・作文 文例集 500	2,860円	冊

合計	冊	円

（フリガナ） 氏　名	電　話 ＦＡＸ E-mail
住 所　〒　　　－	以前にご注文されたことはございますか。 有　・　無

★お近くの書店、または記載の電話・FAX・ホームページにてご注文をお受けしております。
電話：03-5261-8951　FAX：03-5261-8953　代金は書籍合計金額＋送料がかかります。
※なお、落丁・乱丁以外の理由による商品の返品・交換には応じかねます。

★ご記入頂いた個人に関する情報は、当社にて厳重に管理致します。なお、ご購入の商品発送の他に、当社発行の書籍案内、書籍に関する調査に使用させて頂く場合がございますので、予めご了承ください。

日本学習図書株式会社
https://www.nichigaku.jp

図書カード1000円分プレゼント

ご記入日　　　年　月　日

☆国・私立小学校受験アンケート☆

※可能な範囲でご記入下さい。選択肢は○で囲んで下さい。

〈小学校名〉＿＿＿＿＿＿＿＿＿＿　〈お子さまの性別〉男・女　〈誕生月〉＿＿月

〈その他の受験校〉（複数回答可）＿＿＿＿＿＿＿＿＿＿＿＿＿＿＿＿

〈受験日〉①：＿＿月＿＿日〈時間〉＿＿時＿＿分 ～ ＿＿時＿＿分

②：＿＿月＿＿日〈時間〉＿＿時＿＿分 ～ ＿＿時＿＿分

〈受験者数〉男女計＿＿名（男子＿＿名　女子＿＿名）

〈お子さまの服装〉＿＿＿＿＿＿＿＿＿＿＿＿＿＿＿＿

〈入試全体の流れ〉（記入例）準備体操→行動観察→ペーパーテスト

＿＿＿＿＿＿＿＿＿＿＿＿＿＿＿＿＿＿＿＿＿＿＿＿

Eメールによる情報提供

日本学習図書では、Eメールでも入試情報を募集しております。

下記のアドレスに、アンケートの内容をご入力の上、メールをお送り下さい。

ojuken@nichigaku.jp

●行動観察　（例）好きなおもちゃで遊ぶ・グループで協力するゲームなど

〈実施日〉＿＿月＿＿日〈時間〉＿＿時＿＿分 ～ ＿＿時＿＿分〈着替え〉□有 □無

〈出題方法〉□肉声 □録音 □その他（　　　　）〈お手本〉□有 □無

〈試験形態〉□個別 □集団（　　人程度）　〈会場図〉

〈内容〉

□自由遊び

＿＿＿＿＿＿＿＿＿＿＿＿＿＿＿＿＿＿

□グループ活動

＿＿＿＿＿＿＿＿＿＿＿＿＿＿＿＿＿＿

□その他

＿＿＿＿＿＿＿＿＿＿＿＿＿＿＿＿＿＿

●運動テスト（有・無）　（例）跳び箱・チームでの競争など

〈実施日〉＿＿月＿＿日〈時間〉＿＿時＿＿分 ～ ＿＿時＿＿分〈着替え〉□有 □無

〈出題方法〉□肉声 □録音 □その他（　　　　）〈お手本〉□有 □無

〈試験形態〉□個別 □集団（　　人程度）　〈会場図〉

〈内容〉

□サーキット運動

□走り □跳び箱 □平均台 □ゴム跳び

□マット運動 □ボール運動 □なわ跳び

□クマ歩き

□グループ活動＿＿＿＿＿＿＿＿＿＿＿＿＿＿

□その他＿＿＿＿＿＿＿＿＿＿＿＿＿＿＿＿

●知能テスト・口頭試問

〈実施日〉＿＿月＿＿日〈時間〉＿＿時＿＿分 ～ ＿＿時＿＿分〈お手本〉□有 □無

〈出題方法〉 □肉声 □録音 □その他（　　　　　）〈問題数〉＿＿枚 ＿＿問

分野	方法	内　容	詳　細・イ　ラ　ス　ト
（例） お話の記憶	☑筆記 □口頭	動物たちが待ち合わせをする話	（あらすじ） 動物たちが待ち合わせをした。最初にウサギさんが来た。次にイヌくんが、その次にネコさんが来た。最後にタヌキくんが来た。 （問題・イラスト） ３番目に来た動物は誰か 
お話の記憶	□筆記 □口頭		（あらすじ） （問題・イラスト）
図形	□筆記 □口頭		
言語	□筆記 □口頭		
常識	□筆記 □口頭		
数量	□筆記 □口頭		
推理	□筆記 □口頭		
その他	□筆記 □口頭		

日本学習図書株式会社

●制作　（例）ぬり絵・お絵かき・工作遊びなど

〈実施日〉＿＿月＿＿日〈時間〉＿＿時＿＿分　～　＿＿時＿＿分

〈出題方法〉 □肉声 □録音 □その他（　　　　　）〈お手本〉□有 □無

〈試験形態〉 □個別 □集団（　　　人程度）

材料・道具	制作内容
□ハサミ □のり（□つぼ □液体 □スティック） □セロハンテープ □鉛筆 □クレヨン（　色） □クーピーペン（　色） □サインペン（　色）□ □画用紙（□ A4 □ B4 □ A3 □その他：　　　　） □折り紙 □新聞紙 □粘土 □その他（　　　　）	□切る □貼る □塗る □ちぎる □結ぶ □描く □その他（　　　　） タイトル：＿＿＿＿＿＿＿＿＿＿

●面接

〈実施日〉＿＿月＿＿日〈時間〉＿＿時＿＿分　～　＿＿時＿＿分〈面接担当者〉＿＿＿名

〈試験形態〉□志願者のみ（　　）名 □保護者のみ □親子同時 □親子別々

〈質問内容〉

※試験会場の様子をご記入下さい。

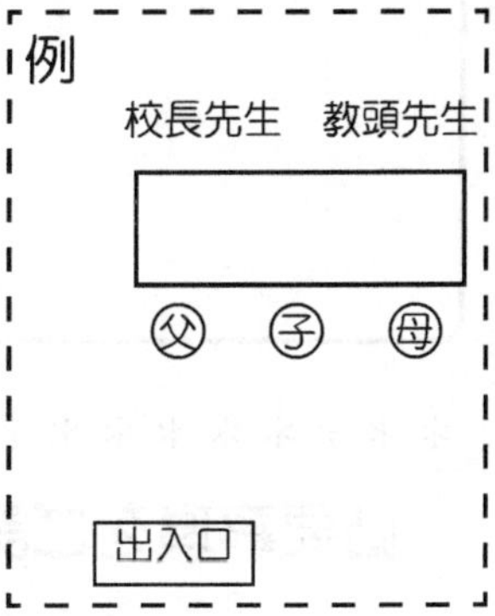

□志望動機　□お子さまの様子

□家庭の教育方針

□志望校についての知識・理解

□その他（　　　　　　　　　）

（　詳　細　）

・

・

・

・

●保護者作文・アンケートの提出（有・無）

〈提出日〉 □面接直前 □出願時 □志願者考査中 □その他（　　　　　　）

〈下書き〉 □有 □無

〈アンケート内容〉

（記入例）当校を志望した理由はなんですか（150 字）

●説明会（□有　□無）〈開催日〉　月　日〈時間〉　時　分　～　時　分

〈上履き〉　□要　□不要　〈願書配布〉　□有　□無　〈校舎見学〉　□有　□無

〈ご感想〉

●参加された学校行事（複数回答可）

公開授業〈開催日〉　月　日〈時間〉　時　分　～　時　分

運動会など〈開催日〉　月　日〈時間〉　時　分　～　時　分

学習発表会・音楽会など〈開催日〉　月　日〈時間〉　時　分　～　時　分

〈ご感想〉

※是非参加したほうがよいと感じた行事について

●受験を終えてのご感想、今後受験される方へのアドバイス

※対策学習（重点的に学習しておいた方がよい分野）、当日準備しておいたほうがよい物など

＊＊＊＊＊＊＊＊＊＊＊＊＊　ご記入ありがとうございました　＊＊＊＊＊＊＊＊＊＊＊＊＊

必要事項をご記入の上、ポストにご投函ください。

なお、本アンケートの送付期限は入試終了後３ヶ月とさせていただきます。また、入試に関する情報の記入量が当社の基準に満たない場合、謝礼の送付ができないことがございます。あらかじめご了承ください。

ご住所：〒

お名前：　　　　メール：

ＴＥＬ：　　　　ＦＡＸ：

アンケートのご記入ありがとうございました

ご記入頂いた個人に関する情報は、当社にて厳重に管理致します。弊社の個人情報取り扱いに関する詳細は、www.nichigaku.jp/policy.php の「個人情報の取り扱い」をご覧下さい。

分野別 小学入試練習帳 ジュニアウォッチャー

1．点・線図形	小学校入試で出題頻度の高い『点・線図形』の模写を、難易度の低いものから段階別に幅広く練習することができるように構成。
2．座標	図形の位置模写という作業を、難易度の低いものから段階別に練習できるように構成。
3．パズル	様々なパズルの問題を難易度の低いものから段階別に練習できるように構成。
4．同図形探し	小学校入試で出題頻度の高い、同図形選びの問題を繰り返し練習できるように構成。
5．回転・展開	図形などを回転、または展開したとき、形がどのように変化するかを学習し、理解を深められるように構成。
6．系列	数、図形などの様々な系列問題を、難易度の低いものから段階別に練習できるように構成。
7．迷路	迷路の問題を繰り返し練習できるように構成。
8．対称	対称に関する問題を４つのテーマに分類し、各テーマごとに問題を段階別に練習できるように構成。
9．合成	図形の合成に関する問題を、難易度の低いものから段階別に練習できるように構成。
10. 四方からの観察	もの（立体）を様々な角度から見て、どのように見えるかを推理する問題を段階別に整理し、１つの形式で複数の問題を練習できるように構成。
11. いろいろな仲間	ものや動物、植物の共通点を見つけ、分類していく問題を中心に構成。
12. 日常生活	日常生活における様々な問題を６つのテーマに分類し、各テーマごとに一つの問題形式で複数の問題を練習できるように構成。
13. 時間の流れ	『時間』に着目し、様々なものごとは、時間が経過するとどのように変化するのかということを学習し、理解できるように構成。
14. 数える	様々なものを『数える』ことから、数の多少の判定やかけ算、わり算の基礎までを練習できるように構成。
15. 比較	比較に関する問題を５つのテーマ（数、高さ、長さ、量、重さ）に分類し、各テーマごとに問題を段階別に練習できるように構成。
16. 積み木	数える対象を積み木に限定した問題集。
17. 言葉の音遊び	言葉の音に関する問題を５つのテーマに分類し、各テーマごとに問題を段階別に練習できるように構成。
18. いろいろな言葉	表現力をより豊かにするいろいろな言葉として、擬態語や擬声語、同音異義語、反意語、数詞を取り上げた問題集。
19. お話の記憶	お話を聴いてその内容を記憶、理解し、設問に答える形式の問題集。
20. 見る記憶・聴く記憶	「見て憶える」「聴いて憶える」という『記憶』分野に特化した問題集。
21. お話作り	いくつかの絵を元にしてお話を作る練習をして、想像力を養うことができるように構成。
22. 想像画	描かれてある形や景色に好きな絵を描くことにより、想像力を養うことができるように構成。
23. 切る・貼る・塗る	小学校入試で出題頻度の高い、はさみやのりなどを用いた巧緻性の問題を繰り返し練習できるように構成。
24・絵画	小学校入試で出題頻度の高い、お絵かきやぬり絵などクレヨンやクーピーペンを用いた巧緻性の問題を繰り返し練習できるように構成。
25. 生活巧緻性	小学校入試で出題頻度の高い日常生活の様々な場面における巧緻性の問題集。
26. 文字・数字	ひらがなの清音、濁音、拗音、拗長音、促音と１～20までの数字に焦点を絞り、練習できるように構成。
27. 理科	小学校入試で出題頻度が高くなりつつある理科の問題を集めた問題集。
28. 運動	出題頻度の高い運動問題を種目別に分けて構成。
29. 行動観察	項目ごとに問題提起をし、「このような時はどうか、あるいはどう対処するのか」の観点から問いかける形式の問題集。
30. 生活習慣	学校から家庭に提起された問題と思って、一問一問絵を見ながら話し合い、考える形式の問題集。

31. 推理思考	数、量、言語、常識（含理科、一般）など、諸々のジャンルから問題を構成し、近年の小学校入試問題傾向に沿って構成。
32. ブラックボックス	箱や筒の中を通ると、どのようなお約束でどのように変化するかを推理・思考する問題集。
33. シーソー	重さの違うものをシーソーに乗せた時どちらに傾くのか、またどうすればシーソーは釣り合うのかを思考する基礎的な問題集。
34. 季節	様々な行事や植物などを季節別に分類できるように知識をつける問題集。
35. 重ね図形	小学校入試で頻繁に出題されている「図形を重ね合わせてできる形」についての問題を集めました。
36. 同数発見	様々な物を数え「同じ数」を発見し、数の多少の判断や数の認識の基礎を学べるように構成した問題集。
37. 選んで数える	数の学習の基本となる、いろいろなものの数を正しく数える学習を行う問題集。
38. たし算・ひき算１	数字を使わず、たし算とひき算の基礎を身につけるための問題集。
39. たし算・ひき算２	数字を使わず、たし算とひき算の基礎を身につけるための問題集。
40. 数を分ける	数を等しく分ける問題です。等しく分けたときに余りが出るものもあります。
41. 数の構成	ある数がどのような数で構成されているか学んでいきます。
42. 一対多の対応	一対一の対応から、一対多の対応まで、かけ算の考え方の基礎学習を行います。
43. 数のやりとり	あげたり、もらったり、数の変化をしっかりと学びます。
44. 見えない数	指定された条件から数を導き出します。
45. 図形分割	図形の分割に関する問題集。パズルや合成の分野にも通じる様々な問題を集めました。
46. 回転図形	「回転図形」に関する問題集。やさしい問題から始め、いくつかの代表的なパターンから、段階を踏んで学習できるよう編集されています。
47. 座標の移動	「マス目の指示通りに移動する問題」と「指示された数だけ移動する問題」を収録。
48. 鏡図形	鏡で左右反転させた時の見え方を考えます。平面図形から立体図形、文字、絵まで。
49. しりとり	すべての学習の基礎となる「言葉」を学ぶこと、特に「語彙」を増やすことに重点をおき、さまざまなタイプの「しりとり」問題を集めました。
50. 観覧車	観覧車やメリーゴーラウンドなどを舞台にした「回転系列」の問題集。「推理思考」分野の問題ですが、要素として「図形」や「数量」も含みます。
51. 運筆①	鉛筆の持ち方を学び、点線なぞり、お手本を見ながらの模写で、線を引く練習をします。
52. 運筆②	運筆①からさらに発展し、「欠所補完」や「迷路」などを楽しみながら、より複雑な鉛筆運びを習得することを目指します。
53. 四方からの観察 積み木編	積み木を使用した「四方からの観察」に関する問題を練習できるように構成。
54. 図形の構成	見本の図形がどのような部分によって形づくられているかを考えます。
55. 理科②	理科的知識に関する問題を集中して練習する「常識」分野の問題集。
56. マナーとルール	道路や駅、公共の場でのマナー、安全や衛生に関する常識を学べるように構成。
57. 置き換え	さまざまな具体的・抽象的事象を記号で表す「置き換え」の問題を扱います。
58. 比較②	長さ・高さ・体積・数などを数学的な知識を使わず、論理的に推測する「比較」の問題を練習できるように構成。
59. 欠所補完	線と線のつながり、欠けた絵に当てはまるものなどを求める「欠所補完」に取り組める問題集です。
60. 言葉の音（おん）	しりとり、決まった順番の音をつなげるなど、「言葉の音」に関する問題に取り組める練習問題集です。

◆◆ニチガクのおすすめ問題集◆◆

より充実した家庭学習を目指し、ニチガクではさまざまな問題集をとりそろえております!!

ジュニアウォッチャー(既刊60巻)

①〜60(以下続刊)
本体各¥1,500+税

入試出題頻度の高い9分野を、さらに60の項目に細分化した問題集が出来ました。
苦手分野におけるつまずきを効率よく克服するための60冊となっており、小学校受験における基礎学習にぴったりの問題集です。ポイントが絞られているため、無駄なく学習を進められる、まさに小学校受験問題集の入門編です。

国立・私立 NEW ウォッチャーズ

言語/理科/図形/記憶
常識/数量/推理
各2巻・全14巻
本体各¥2,000+税

シリーズ累計発行部数40万部以上を誇る大ベストセラー「ウォッチャーズシリーズ」の趣旨を引き継ぐ新シリーズができました!
こちらは国立・私立それぞれの出題傾向に合わせた分野別問題集です。全問「解答のポイント」「ミシン目」付き、切り離し可能なプリント学習タイプで家庭学習におすすめです!

まいにちウォッチャーズ(全16巻)

導入編/練習編
実践編/応用編　各4巻
本体各¥2,000+税

シリーズ累計発行部数40万部以上を誇る大ベストセラー「ウォッチャーズシリーズ」の趣旨を引き継ぐ新シリーズができました!
こちらは、お子さまの学習進度に合わせ、全分野を網羅できる総合問題集です。全問「解答のポイント」「ミシン目」付き、切り離し可能なプリント学習タイプで家庭学習におすすめです!

実践 ゆびさきトレーニング①・②・③

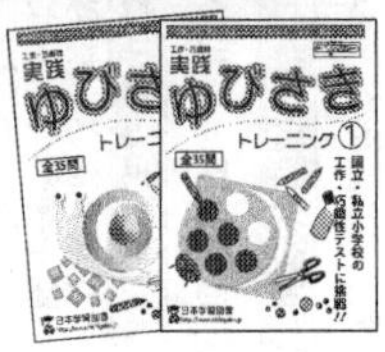

①・②・③　全3巻
本体　各¥2,500+税

制作問題に特化した問題集ができました。
有名校が実際に出題した問題を分析し、類題を各35問ずつ掲載しています。様々な道具の扱い方(はさみ・のり・セロハンテープの使い方)から、手先・指先の訓練(ちぎる・貼る・塗る・切る・結ぶ)、表現することの楽しさも学習することができる問題集です。

お話の記憶問題集

初級編
本体¥2,600+税
中級編/上級編
本体¥2,000+税

「お話の記憶」分野の問題集ができました。
あらゆる学習に不可欠な、語彙力・集中力・記憶力・理解力・想像力を養うと言われているのが「お話の記憶」という分野です。難易度別に収録されていますので、まずは初級編、慣れてきたら中級編・上級編と学習を進められます。

分野別 苦手克服シリーズ(全6巻)

図形/数量/言語
常識/記憶/推理
本体各¥2,000+税

お子さまの苦手を克服する問題集ができました。
アンケートに基づき、多くのお子さまが苦手とする数量・図形・言語・常識・記憶の6分野を、それぞれ問題集にまとめました。全問アドバイス付きですので、ご家庭において、そのつまづきを解消するためのプロセスも理解できます。

運動テスト・ノンペーパーテスト問題集

新 運動テスト問題集
本体¥2,200+税

新 ノンペーパーテスト問題集
本体¥2,600+税

ノンペーパーテストは国立・私立小学校で幅広く出題される、筆記用具を使用しない分野の問題を全40問掲載しています。
運動テスト問題集は運動分野に特化した問題集です。指示の理解や、ルールを守る訓練など、ポイントを押さえた学習に最適。全35問掲載。

口頭試問・面接テスト問題集

新 口頭試問・個別テスト問題集
本体¥2,500+税

面接テスト問題集
本体¥2,000+税

口頭試問は主に個別テストとして口頭で出題解答を行うテスト形式、面接は主に「考え」やふだんの「あり方」をたずねられるものです。
口頭で答える点は同じですが、内容は大きく異なります。想定する質問内容や答え方の幅を広げるために、どちらも手にとっていただきたい問題集です。

小学校受験 厳選難問集 ①・②

①・②・③　全3巻
本体各¥2,600+税

実際に出題された入試問題の中から、難易度の高い問題をピックアップし、アレンジした問題集です。応用問題への挑戦は、基礎の理解度を測るだけでなく、お子さまの達成感・知的好奇心を触発します。
①は数量・図形・推理・言語、②は位置・常識・比較・記憶分野を掲載しています。各40問。

国立小学校　入試問題総集編

A・B・C(全3巻)
本体各¥3,282+税

国立小学校頻出の問題を厳選して収録した問題集です。細かな指導方法やアドバイスが掲載してあり、効率的な学習が進められます。
難易度別の収録となっており、お子さまの学習進度に合わせて利用できます。付録のレーダーチャートにより得意・不得意を認識でき、国立小学校受験対策に最適な総合問題集です。

おうちでチャレンジ ①・②

①・②　全2巻
本体　各¥1,800+税

関西最大級の模擬試験『小学校受験標準テスト』ペーパー問題を編集した、実力養成に最適な問題集です。延べ受験者数10,000人以上のデータを分析し、お子さまの習熟度・到達度を一目で判別できるようになっています。
保護者必読の特別アドバイス収録!学習習熟度を測るためにも、定期的に活用したい一冊です。

Q&Aシリーズ

『小学校受験で知っておくべき125のこと』
『新 小学校受験の入試面接Q&A』
『新 小学校受験 願書・アンケート文例集500』

本体各¥2,600+税

「知りたい!」「聞きたい!」
「こんな時どうすれば…?」
そんな疑問や悩みにお答えする、当社で人気の保護者向け書籍です。受験を考え始めた保護者の方や、実際に入試の出願・面接などを控えている直前の保護者の方など、さまざまな場面で参考にしていただける書籍となっています。

書籍についてのご注文・お問い合わせ
☎ 03-5261-8951

http://www.nichigaku.jp
※ご注文方法、書籍についての詳細は、Webサイトをご覧ください。

日本学習図書　検索

『読み聞かせ』×『質問』＝『聞く力』

お話の記憶の練習に最適

1話5分の 読み聞かせお話集①②

「アラビアン・ナイト」「アンデルセン童話」「イソップ寓話」「グリム童話」、日本や各国の民話、昔話、偉人伝の中から、教育的な物語や、過去に小学校入試でも出題された有名なお話を中心に掲載。お話ごとに、内容に関連したお子さまへの質問も掲載しています。「読み聞かせ」を通して、お子さまの『聞く力』を伸ばすことを目指します。

①巻・②巻　各48話

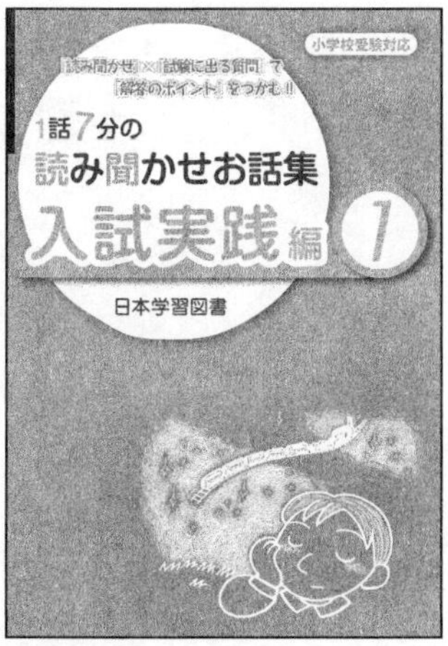

1話7分の読み聞かせお話集 入試実践編①

国立・私立小学校受験対応

最長1,700文字の長文のお話を掲載。有名でない＝「聞いたことのない」お話を聞くことで、『集中力』のアップを目指します。設問も、実際の試験を意識した設問としています。ペーパーテスト実施校の多くが「お話の記憶」の問題を出題します。毎日の「読み聞かせ」と「試験に出る質問」で、「解答のポイント」をつかんで臨みましょう！

50話収録

ニチガクの この5冊で受験準備も万全！

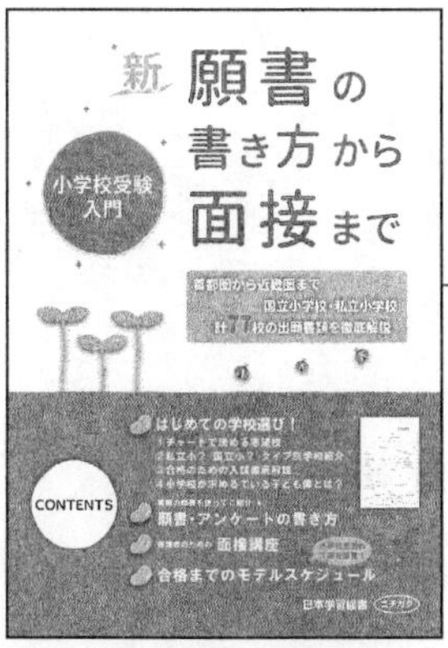

小学校受験入門 願書の書き方から面接まで　リニューアル版

主要私立・国立小学校の願書・面接内容を中心に、学校選びや入試の分野傾向、服装コーディネート、持ち物リストなども網羅し、受験準備全体をサポートします。

小学校受験で 知っておくべき 125のこと

小学校受験の基本から怪しい「ウワサ」まで、保護者の方々からの125の質問にていねいに解答。目からウロコのお受験本。

新　小学校受験の 入試面接Q＆A　リニューアル版

過去十数年に遡り、面接での質問内容を網羅。小学校別、父親・母親・志願者別、さらに学校のこと・志望動機・お子さまについてなど分野ごとに模範解答例やアドバイスを掲載。

新　願書・アンケート 文例集500　リニューアル版

有名私立小、難関国立小の願書やアンケートに記入するための適切な文例を、質問の項目別に収録。合格を掴むためのヒントが満載！願書を書く前に、ぜひ一度お読みください。

小学校受験に関する 保護者の悩みQ＆A

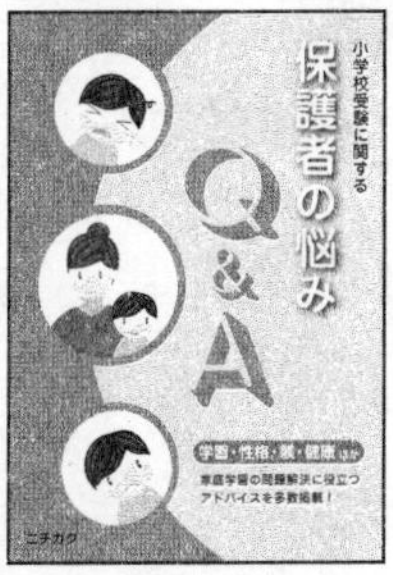

保護者の方約1,000人に、学習・生活・躾に関する悩みや問題を取材。その中から厳選した200例以上の悩みに、「ふだんの生活」と「入試直前」のアドバイス2本立てで悩みを解決。

日本学習図書株式会社

家庭学習をトータルサポート！ ニチガクのオリジナル 効果的 学習法

1 まずはアドバイスページを読む！

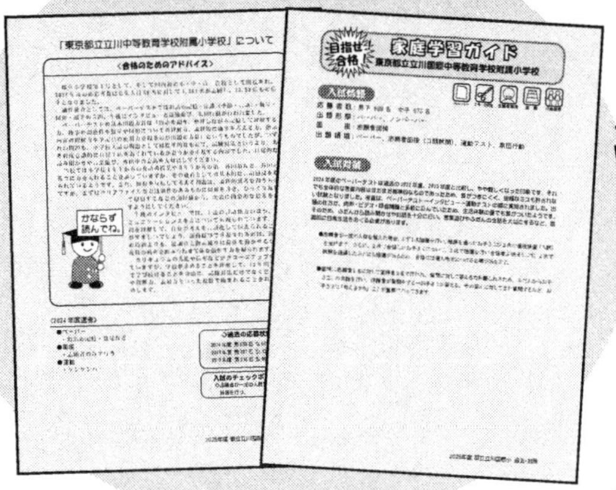

ピンク色です

対策や試験ポイントがぎっしりつまった「家庭学習ガイド」。しっかり読んで、試験の傾向をおさえよう！

2 問題をすべて読み、出題傾向を把握する

3 「学習のポイント」で学校側の観点や問題の解説を熟読

4 はじめて過去問題にチャレンジ！

5 プラスα 対策問題集や類題で力を付ける

過去問のこだわり

最新問題は問題ページ、イラストページ、解答・解説ページが独立しており、お子さまにすぐに取り掛かっていただける作りになっています。
ニチガクの学校別問題集ならではの、学習法を含めたアドバイスを利用して効率のよい家庭学習を進めてください。

各問題のジャンル

問題７ 分野：図形（図形の構成） Aグループ男子

〈解答〉 下図参照

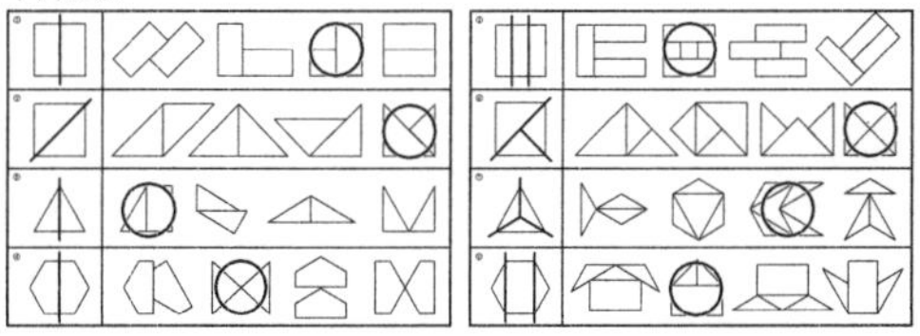

図形の構成の問題です。解答時間が圧倒的に短いので、直感的に答えないと全問答えることはできないでしょう。例年ほど難しい問題ではないので、ある程度準備をしたお子さまなら可能のはずです。注意すべきなのはケアレスミスで、「できないものはどれですか」と聞かれているのに、できるものに○をしたりしてはおしまいです。こういった問題では基礎とも言える問題なので、もしわからなかった場合は基礎問題を分野別の問題集などでおさらいしておきましょう。

【おすすめ問題集】
★ニチガク小学校図形攻略問題集①②★（書店では販売しておりません）
Ｊｒ・ウォッチャー９「合成」、54「図形の構成」

学習のポイント

各問題の解説や学校の観点、指導のポイントなどを教えます。
今日から保護者の方が家庭学習の先生に！

おすすめ対策問題集

分野ごとに対策問題集をご紹介。苦手分野の克服に最適です！
＊専用注文書付き。

2025 年度版 関西学院初等部
雲雀丘学園小学校 過去問題集

発行日 2024 年 6 月 17 日
発行所 〒 162-0821 東京都新宿区津久戸町 3-11-9F
日本学習図書株式会社
電 話 03-5261-8951 ㈹

・本書の一部または全部を無断で複写転載することは禁じられています。
乱丁、落丁の場合は発行所でお取り替え致します。

ISBN978-4-7761-5587-4
C6037 ￥2400E

9784776155874

定価 2,640円
（本体2,400円＋税10％）

1926037024002

詳細は https://www.nichigaku.jp 日本学習図書 検索

合格実績

ヘッズの合格者数は正会員だけの数字です。

2023.2.15現在　**塾歴32年の実績**

	学校名	ヘッズ合格者（募集人数）	学校名	ヘッズ合格者（募集人数）	学校名	ヘッズ合格者（募集人数）
令和5年度	大阪教育大学附属池田(小)	62(100)	関西学院初等部	54(90)	雲雀丘学園(小)	46(135)
	関西大学初等部	5(60)	仁川学院(小)	3(60)	小林聖心女子学院(小)	22(60)
	洛南(小)	2(90)	アサンプション国際(小)	9(80)	箕面自由学園(小)	5(50)

クラス案内

ヘッズアップセミナー　検索

https://www.heads-up.co.jp
※時間割は、ホームページをご覧下さい。

池田校　新年度 2月から開室します。　税込価格

年長受験クラス　(週1回 120分授業)
面接・ペーパー・音楽・絵制作・運動・行動観察など入試に必要な全ての分野を徹底的に指導し、確実に志望校へ導きます。附属池田(小)入試傾向を中心としますが、私学にも対応するクラスです。(10・11・12・1月の間は附属池田特訓クラス)
曜日/水・金・土　**授業料：**22,000円

年中受験クラス　(週1回 90分授業)
受験の基礎から指導します。面接・ペーパー・音楽・絵制作・社会性・運動など総合的に実力を向上させていきます。
曜日/水・金（4月から）・土　**授業料：**17,600円

年少受験クラス　(週1回 60分授業)　**最年少受験クラス**　(週1回 50分授業)
4月から翌年1月まで。面接・ペーパー・音楽・絵制作・運動などの受験の基礎から総合的に指導します。
年少:曜日/金・土　**最年少:曜日**/金・土　**授業料：**14,300円

雲雀丘強化専願クラス　(週1回 90分授業)　**雲雀丘個別試問クラス**
雲雀丘学園を専願する方や併願でも強化したい方のためのクラス。
曜日/月・木　**授業料：**14,300円　**曜日**/土　**授業料：**6,600円

関学・関大・池附強化クラス　(週1回 90分授業)
関学・関大・池附を目指す方に、3校の入試問題を徹底分析したクラス。
曜日/木・土　**授業料:**19,800円(受験クラスと合わせ：38,500円)

プログラミング　パズル道場 算数 数学　そろばん速算教室

Speed Reading 速読

★英語で知育・体操　★小学生英語塾
Koala Gym
電話：070-4335-6636

※授業料に教材費、消費税など、すべてを含みます。入会金：20,000円
(他)小学生1〜3年・特進、ベーシッククラス、個別指導クラス(年少〜小6)、内部進学クラス（小4〜6年）

宝塚校　新年度 9月から開室します。　税込価格

関学クラス　(週1回 100分授業)
関西学院初等部への専願を希望される方のクラスです。面接・ペーパー・運動・社会性など入試に必要な全ての分野を徹底的に指導します。
曜日/木・金・土　**授業料：**25,300円

年長受験クラス　(週1回 100分授業)
面接・ペーパー・音楽・運動・社会性など入試に必要なすべての分野を徹底的に指導し、確実に志望校へ導きます。附属池田(小)・小林聖心・仁川学院・雲雀丘に対応するクラスです。(10・11・12・1月の間は附属池田特訓クラス)
曜日/火・土　**授業料：**22,000円

年中受験クラス　(週1回 80分授業)
受験の基礎から指導します。面接・ペーパー・音楽・絵制作・社会性・運動など総合的に実力を向上させていきます。
曜日/水・土　**授業料：**17,600円

年少受験クラス　(週1回 60分授業)
4月から8月まで。面接・ペーパー・音楽・絵制作・運動などの受験の基礎を総合的に指導します。
曜日/水　**授業料：**14,300円

関学ペーパー強化クラス　(週1回 60分授業)
関学クラスを受講している方のペーパー強化クラスです。関学クラスのペーパー問題以外の基礎、基本問題を徹底的に指導し補います。
曜日/火　**授業料：**13,200円

※授業料に教材費、消費税など、すべてを含みます。入会金：20,000円
(小学生クラス)
小学生1〜3年（特進クラス)、小学生1〜6年ベーシッククラス（関学クラス）

短期講習

春期講習：3月末。夏期講習：7月末、8月末。雲雀丘・小林聖心・関学・関大直前講習：8月末。
附属池田特訓クラス：9月〜1月。附属池田直前講習：12月末〜1月初旬。

公開模試

実施日はホームページをご覧下さい。(3、4、6、7、10、11月実施)

ヘッズ主催の学校説明会・保護者会・特訓行事　無料

学校説明会
関学、関大、雲雀丘、小林聖心、洛南、アサンプション国際などの小学校の先生をお招きして学校説明会を開催します。

保護者会
小学校受験に向けての準備、傾向対策会などを開催します。

面接特訓
各学校の傾向に合わせた面接練習。無料の親子面接練習を行います。

行動観察特訓
小学校入試では、個々の行動観察を観察されます。無料の行動観察特訓を行います。

ヘッズアップセミナー　検索

https://www.heads-up.co.jp

有名小学校受験の幼児教室

ヘッズアップセミナー

2023年度入試合格実績　（附属池田累計17年連続、関西学院の正会員合格者数は全国塾別で16年連続１位）当塾調べ

2023.2.15 現在

大教大附属池田62名（No.1）・関西学院54名（No.1）・雲雀丘46名・小林聖心22名・関西大5名

他、アサンプション国際9名、箕面自由5名、同志社、仁川学院各3名、洛南、神戸海星各2名、同志社国際、立命館、長崎教育大各1名など有名小学校に多数合格

小学校受験 クラス（最年少～年長）

中学校受験 算国クラス（年長～小６）

個別指導 クラス（年少～小６）

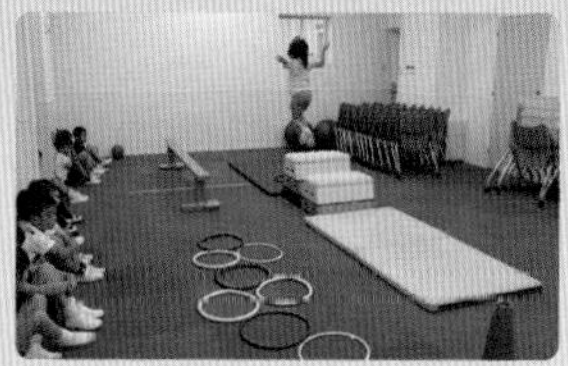

★ 附属特訓クラス（9月より開室）

★ 2024年度生 池田校（1月開室）・宝塚校（9月開室）

池田校９月より、宝塚校７月より予約開始

夏期講習（7,8 月）・雲雀丘, 小林聖心, 関学, 関大直前講習（8,9月）・附属池田直前講習（12 月末 ,1 月初旬）

～詳細はホームページをご覧になるか、教室にお問い合わせください～

全クラス無料体験受付中

指導方法・特徴

小学校受験クラスは、毎回の講習で本番入試と同様に、面接・考査・ペーパー・音楽・絵制作・運動・行動観察の全分野を繰り返し指導いたします。国・私立小学校受験を目指すお子様が確実に合格されるようフォローいたします。基本定員は年長20人、年中16人、年少12人までで、4～5人に1人の教師がつきます。授業の様子は待合室のモニターにて見学できます。実際の小学校入試では、子供たちだけで試験を受けます。ですから、当教室では保護者の方に待合室にて、子供たちにプレッシャーを与えることなく授業の様子をモニターで見ていただいております。また、下のお子様をおつれになってご一緒にモニターをご覧いただけますので安心です。

入会までの流れ

ヘッズアップセミナー

1. **体験電話予約** まずはお電話ください。ご都合のよい日で体験の予約を承ります。
2. **授業を実際に体験** ヘッズの楽しい授業を受けてみてください。保護者の方にも確かめていただけます。
3. **説明・質問** カリキュラムの説明や質疑応答を行います。
4. **入会予約！** 入会の仮予約をされて10日以内に入会手続きを願います。
5. **授業開始！！** さあ、わくわくの楽しい授業がはじまります！

池田校　TEL：072-752-3052

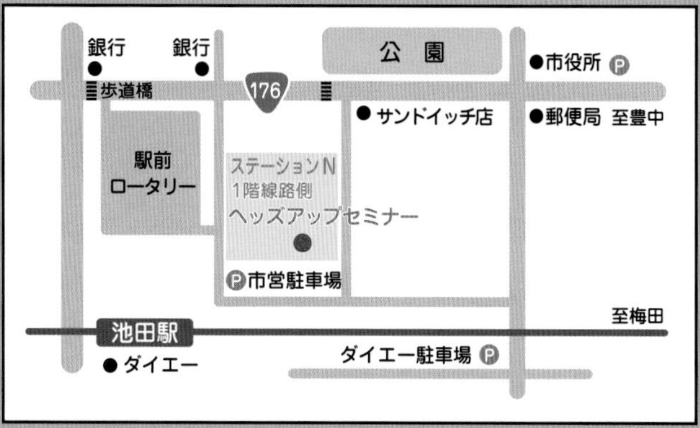

〒563-0055 大阪府池田市菅原町 3-1-107（ステーションNビル 1F）

●阪急宝塚線池田駅下車、徒歩３分

宝塚校　TEL：0797-73-3052

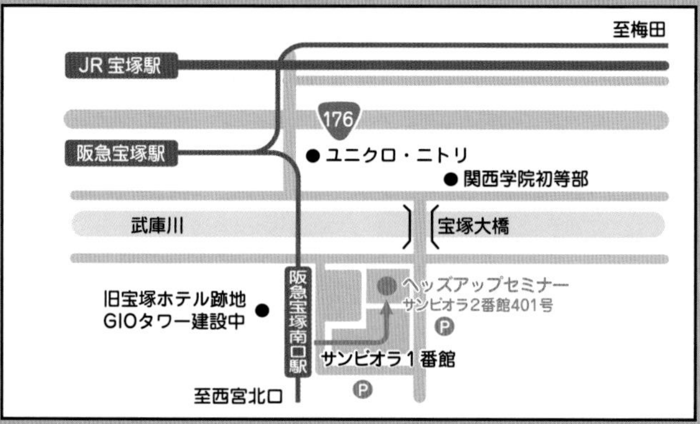

〒665-0011 兵庫県宝塚市南口2丁目14番2号（サンビオラ2番館401号）

●阪急今津線宝塚南口駅下車、徒歩1分